OS INTELECTUAIS E O PODER

FUNDAÇÃO EDITORA DA UNESP

Presidente do Conselho Curador
Herman Jacobus Cornelis Voorwald

Diretor-Presidente
José Castilho Marques Neto

Editor-Executivo
Jézio Hernani Bomfim Gutierre

Conselho Editorial Acadêmico
Alberto Tsuyoshi Ikeda
Célia Aparecida Ferreira Tolentino
Eda Maria Góes
Elisabeth Criscuolo Urbinati
Ildeberto Muniz de Almeida
Luiz Gonzaga Marchezan
Nilson Ghirardello
Paulo César Corrêa Borges
Sérgio Vicente Motta
Vicente Pleitez

Editores-Assistentes
Anderson Nobara
Henrique Zanardi
Jorge Pereira Filho

NORBERTO BOBBIO

OS INTELECTUAIS E O PODER

DÚVIDAS E OPÇÕES DOS HOMENS
DE CULTURA NA SOCIEDADE
CONTEMPORÂNEA

Tradução de
Marco Aurélio Nogueira

© 1993 by La Nuova Italia Scientifica, Roma.
Título original em italiano: *Il dubbio e la scelta. Intellettuali e potere nella società contemporanea.*

Edição em língua portuguesa efetuada com a intermediação da Agência Literária Eulama.

© 1996 da tradução brasileira:
Fundação Editora da UNESP (FEU)

Praça da Sé, 108
01001-900 - São Paulo - SP
Tel.: (0xx11) 3242-7171
Fax: (0xx11) 3242-7172
www.editoraunesp.com.br
www.livrariaunesp.com.br
feu@editora.unesp.br

Dados Internacionais de Catalogação na Publicação (CIP)
(Câmara Brasileira do Livro, SP, Brasil)

Bobbio, Norberto, 1909-
  Os intelectuais e o poder: dúvidas e opções dos homens de cultura na sociedade contemporânea / Norberto Bobbio; tradução de Marco Aurélio Nogueira. - São Paulo: Editora da Universidade Estadual Paulista, 1997. - (Biblioteca básica)

  Título original: Il dubbio e la scelta.
  Intellettuali e potere nella società contemporanea.
  ISBN 85-7139-144-0

  1. Filosofia política 2. Intelectuais 3. Poder (Ciências sociais) 1. Título II. Série

97-1266   CDD-305.552

Índices para catálogo sistemático:
1. Intelectuais e poder: Sociologia 305.552

Editora Afiliada

Asociación de Editoriales Universitarias de América Latina y el Caribe

Associação Brasileira de Editoras Universitárias

SUMÁRIO

7 Introdução

21 A "força não-política"

25 Dois paradoxos históricos e uma escolha moral

31 Intelectuais e classe política

37 Julien Benda

57 Considerações sobre os manifestos dos homens de cultura dirigidos às autoridades políticas

67 Intelectuais e poder

91 Da presença da cultura e da responsabilidade dos intelectuais

109 Intelectuais

141 Grandeza e decadência da ideologia europeia

157 A Europa da cultura

175 Nem com eles, nem sem eles

INTRODUÇÃO

O debate entre intelectuais a respeito dos intelectuais, isto é, a respeito de si próprios, não tem trégua. Desde quando, por uma gentil sugestão de Franco Sbarberi, que também me auxiliou durante a composição do livro, comecei a reunir e ordenar esses meus escritos, somente no ano de 1992 foram publicados tantos livros sobre os intelectuais que nem bem eu começava a ler um já surgia outro.[1] Nos dias em que estava

---

1 Refiro-me aos livros saídos em 1992: Z. Bauman, *La decadenza degli intellettuali*. Da legislatori a interpreti. Torino, Bollati Boringhieri, 1992 (ed. original: *Legislators and Interpreters*. On Modernity, Post-modernity and Intellectuals, 1987); D. S. Schiffer, *Il discredito degli intellettuali*. Storia critica di una vocazione da Emil Zola a Vaclav Havel. Carnago (Varese), Sugarco, 1992; W. Lepenies, *Ascesa e declino degli intellettuali in Europa*, Roma-Bari, Laterza, 1992; M. Serra, *La ferita della modernità*. Intellettuali, totalitarismo e immagine del nemico, Bologna, Il Mulino, 1992; B.-H. Lévy, *Le avventure della libertà*, Milano, Rizzoli, 1992 (ed. original: *Les adventures de la liberté*, Paris, Grasset, 1991). Do mesmo autor, *Eloge des intellectuels* (ed. italiana Milano, Spirali, 1987); J.-P. Sartre, *Difesa dell'intellettuale*, Roma-Napoli, Theoria, 1992 (trata-se de três conferências publicadas sob o título *Plaidoyer pour les intellectuels*, proferidas no Japão no outono de 1965 e inseridas na IV seção de *Situations VIII*, Paris, Gallimard, 1972). Sobre alguns destes livros e, também, sobre L. Löwenthal, *L'integrità degli intellettuali*, Chieti, Solfanelli, 1991 (ed. original 1984), ver a interessante resenha de R. Monteleone in *L'Indice*, n.3, março 1993, p.36-7.

escrevendo esta Introdução, nosso pequeno mundo foi agitado pelo artigo de um conhecido e prestigioso historiador da literatura, homem politicamente engajado, que lamentava o "silêncio dos intelectuais" (naturalmente sobre um episódio específico). A acusação desencadeou sua loquacidade, tanto que o debate sobre o assunto permaneceu durante alguns dias nos jornais. O silêncio era renegado apenas pelo fato de que dele se falava.[2]

Não deve surpreender que apareçam tantos escritos sobre os intelectuais. Quem fala dos intelectuais desempenha, pelo fato mesmo de assim agir, uma função que habitualmente cabe aos intelectuais; torna-se, ao menos naquela ocasião, um intelectual. Quando os intelectuais falam dos intelectuais estão falando, na realidade, de si próprios, mesmo se por uma curiosa duplicação da personalidade acabam por falar da própria confraria, como se a ela não pertencessem. Não é preciso ser médico para falar de medicina, ou jóquei para falar de hipismo. Mas não se pode falar de intelectuais sem fazer o que habitualmente fazem os intelectuais, e, portanto, sem ser, ao menos naquele momento, um intelectual, mesmo que não consciente de sê-lo. Só esta inconsciente duplicação permite a um intelectual falar tão mal dos outros intelectuais. Prova disso é que, dos livros que tenho diante de mim enquanto escrevo, há um que fala da "decadência", outro do "descrédito", outro ainda do "declínio" dos intelectuais. O inaugurador dessa longa série de contestações os acusou até mesmo de traição. Porém, quem se ocupou um pouco da história do problema viu-se diante de outras representações não menos destrutivas a respeito da natureza e da sorte dos coirmãos, como a "falência", a "derrocada", o "eclipse", o "crepúsculo", ou o "desconforto", a "desori-

---

Dos livros publicados no ano anterior, menciono *L'intellettuale militante*, de Michael Walzer, que traz, como subtítulo, Critica sociale e impegno politico nel Novecento, Bologna, Il Mulino, 1991 (ed. original: *The Company of Criticism, and Political Commitment in the Twentieth Century*, New York, Basic Books, 1988).

2 O tema do silêncio dos intelectuais é velho e recorrente. Recordo no presente livro (cf. *infra*, p.92) que muitas áreas cobraram os intelectuais italianos por terem silenciado demais durante o sequestro de Aldo Moro. Mas também é frequente a cobrança inversa. Os intelectuais são repreendidos por falarem demais a respeito de si próprios: Lepenies observa no início de seu livro que os diversos intelectuais desconsideraram "com frequência e com grande e sempre crescente vontade" a máxima *"de nobis ipsis silemus"* (op. cit., 1992, p.5).

entação", o "transformismo", a "metamorfose". Chegou-se mesmo a prognosticar o "desaparecimento", a "extinção", o "fim" dos intelectuais.

Recentemente, alguém nos comparou aos dinossauros, espécie extinta. E solenemente proclamou: "Intelectuais, vocês estão mortos!". E ele? "E ele", pergunto-me, pois quem fazia tal comparação revelava-se, naquele momento, a quintessência do intelectual. Que seja ele o único ainda vivo, com a única tarefa de proclamar que, à exceção dele, nós outros estejamos todos mortos?

A maior parte destes discursos está viciada por um erro lógico bastante conhecido, do qual um intelectual deveria prevenir-se: a falsa generalização. Muito frequente na excessiva linguagem polêmica cotidiana, que não se pauta pela sutileza na análise dos fatos e no uso das distinções ou das subdistinções, pois seu objetivo é antes de tudo o de persuadir ou de dissuadir, não o de conhecer ou fazer conhecer, a falsa generalização é desaprovada no discurso racional. Convém à linguagem vulgar, fabricada com estereótipos, segundo a qual todos os políticos são corruptos, todos os médicos são incompetentes e, claro, todos os intelectuais são indistintamente arrogantes, vaidosos, creem ser sabe-se lá quem e assim por diante, ou são, como foi dito recentemente, "lamentosos". Falar dos intelectuais como se eles pertencessem a uma categoria homogênea e constituíssem uma massa indistinta é uma insensatez: a uma afirmação peremptória como "os intelectuais traem", deve-se imediatamente perguntar: "Precisamente todos? E se não todos, quais?". Os "clercs", de que falara Benda, eram uma particular espécie de escritores, que haviam adquirido um peso específico na formação da opinião pública francesa na era dos nacionalismos exasperados. Mas Benda se considerava ele próprio um "clerc". Se a proclamação de que os clérigos haviam traído era uma intencional falsa generalização, o objetivo era puramente polêmico. Se se tratava de um erro lógico, era assim porque Benda tinha um motivo prático bem preciso e não muito difícil de descobrir. Diga-se o mesmo de outras acusações frequentes, como a do oportunismo ou, no extremo oposto, a do delírio de potência. Seja qual for o modo em que venham a ser definidas a natureza e a função do intelectual (definição que normalmente é dada como pressuposta), não é possível alcançar uma definição restritiva o suficiente para tornar plausível um juízo de absolvição ou de condenação global. Todos inocentes, todos culpados. "Os intelectuais são transformistas". Mas até mesmo quem pronuncia esse severo veredito, não será também ele um intelectual? Sobre os intelectuais abateu-se hoje em dia um descrédito geral. Mas se quem afirma isso é um intelectual, ou acredita ser ele uma exceção, e portanto não é verdade que o descrédito golpeie a todos, ou também ele está em descrédito, e assim nenhum valor pode ser dado ao seu juízo. De resto, há uma prova irrefutável da superficialidade dessas assertivas peremptórias: a sua contraditoriedade segundo a parte de que provém. Os intelectuais devem ser desaprovados porque são sempre "contra". Mas isso é dito pelos poderosos do dia. Não, os intelectuais devem ser execrados porque são conformistas. Mas isso é dito pelos que pretendem se tornar os poderosos do futuro. Falam demais, são grilos falantes, prontos a responder a todas as perguntas de modo a fazer aparecer seu nome nos jornais ou, pior, a serem chamados para participar de um debate televisivo. Não, dizem os que não querem se comprometer demais com as questões difíceis. Estão sempre quietos, não se comprometem porque não querem desagradar ninguém, dizem os que andam em busca de consensos, sejam eles arrivistas ou pessoas já bem-sucedidas. São incorrigíveis e inoportunos *enfants terribles*. Não, são os "cães de guarda" do poder constituído. Seria possível continuar.

Em segundo lugar, deve-se observar que a maior parte desses juízos ressente-se dos humores do momento ou de situações particulares, tanto que quem os lê alguns anos depois geralmente os considera exagerados ou mesmo equivocados. Com essa segunda observação, refiro-me não tanto aos juízos sobre a natureza do intelectual e sobre a sua função na sociedade, quanto àqueles sobre a maior ou menor relevância que têm os intelectuais na sociedade em que operam, vale dizer, àqueles juízos que decretam com absoluta certeza o seu declínio, eclipse ou decadência, e prognosticam a sua morte próxima. Nesse caso, o erro depende não de uma falsa generalização, mas da ausência, também ela condenável, de distanciamento histórico, característica de quem está excessivamente colado aos acontecimentos para formular, a respeito deles, avaliações que estejam além do consumo imediato dos ouvintes a que se dirigem, satisfazendo-se mais em desempenhar o papel de oráculos do que em conduzir uma análise detalhada a respeito de um arco de tempo mais longo do que o que cobre a contemporaneidade. O erro depende também do caráter restrito, nesse caso não de natureza lógica, mas de origem histórica, com que é usada a categoria dos intelectuais, como se ela não tivesse sempre existido, embora com outros nomes, e como se ela só tivesse nascido quando, no final do século XIX, com o *affaire*

Dreyfus,[3] difundiu-se o uso da palavra, primeiro na França e depois em todo o mundo civilizado. Hoje, chamam-se intelectuais aqueles que em outros tempos foram chamados de sábios, doutos, *philosophes*, literatos, *gens de lettre*, ou mais simplesmente escritores, e, nas sociedades dominadas por um forte poder religioso, sacerdotes, clérigos. (Não por acaso, assim os chamou Benda para poder lhes atribuir a função nobre de custodiar a verdade acima das facções em luta pela conquista do poder mundano.)

Embora com nomes diversos, os intelectuais sempre existiram, pois sempre existiu em todas as sociedades, ao lado do poder econômico e do poder político, o poder ideológico, que se exerce não sobre os corpos como o poder político, jamais separado do poder militar, não sobre a posse de bens materiais, dos quais se necessita para viver e sobreviver, como o poder econômico, mas sobre as mentes pela produção e transmissão de ideias, de símbolos, de visões do mundo, de ensinamentos práticos, mediante o uso da palavra (o poder ideológico é extremamente dependente da natureza do homem como animal falante). Toda sociedade tem os seus detentores do poder ideológico, cuja função muda de sociedade para sociedade, de época para época, cambiantes sendo também as relações, ora de contraposição, ora de aliança, que eles mantêm com os demais poderes. Existem sociedades em que o poder ideológico é monopólio de uma casta, e outras em que ele é difundido por diversos centros de irradiação, muitas vezes concorrentes entre si. Como de resto acontece com os outros dois poderes. Existem sociedades monocráticas e sociedades policráticas. Nas democracias modernas, que são sociedades pluralistas, o poder ideológico está fragmentado e se exerce nas mais diversas direções, algumas vezes até mesmo contrastantes entre si. E essa é uma outra razão pela qual todo juízo global a respeito dos intelectuais é sempre inadequado, desviante, além de objetivamente falso.

---

3 Sobre o tema, menciono a coletânea de ensaios vários, *Il Principe e il Filosofo. Intellettuali e potere in Francia. Dai "philosophes" all'"affaire Dreyfus"*, organizada por L. Sozzi, Napoli, Guida, 1988. Sobre a história dos intelectuais na França, os dois volumes de Ariane Chabal d'Apollonia, *Histoire politique des intellectuels en France*: v.I, Du lendemains qui déchantent; v.II, Le temps de l'éngagement, Bruxelles, 1991. Para uma história completa dos intelectuais, no sentido mais vasto da palavra aqui acolhido, cf. A. M. Jacobelli Isoldi, *L'intellettuale a Delfi. Alla ricerca della propria identità*, Roma, Bulzoni, 1976.

Em uma sociedade pluralista, o desaparecimento dos intelectuais, sobre o qual tanto se fabula, é improvável: fechado um canal através do qual passava um fluxo de poder ideológico, abre-se imediatamente um outro. De resto, também em uma sociedade monocrática, como foi a União Soviética, mesmo no poder ideológico jamais deixou de existir a veia do dissenso, manifesta pela constituição de redes de comunicação não oficiais, clandestinas, que tiveram grande eficácia, embora em um círculo restrito.

É ainda mais improvável a morte dos intelectuais hoje, não só porque aumentaram as sociedades pluralistas, mas também porque aumentaram desmedidamente os meios com os quais o poder ideológico pode se manifestar e se expandir. Assim como o meio do poder político é sempre em última instância a posse das armas e o meio do poder econômico é a acumulação de bens materiais, o principal meio do poder ideológico é a palavra, ou melhor, a expressão de ideias por meio da palavra, e com a palavra, agora e sempre mais, a imagem.

Atente-se ao menos por um instante para a enorme diferença que existe, com respeito ao poder de difusão da palavra, entre uma sociedade em que o poder ideológico se exprime principalmente por um sermão na igreja ou por um comício na praça e uma sociedade em que a cada dia saem centenas de jornais, de opúsculos, de livros, organizam-se centenas de conferências e debates, e em que a todo instante se pode ligar o rádio ou a televisão e ouvir alguém que procura, pelo discurso, influenciar o comportamento de quem lê ou escuta, para induzi-lo a agir mais de um modo que de outro. Será possível discutir o quanto se queira a respeito da efetiva influência das comunicações de massa sobre o comportamento dos indivíduos em uma sociedade tecnologicamente avançada, na qual, se é verdade que o indivíduo vive e é obrigado a sobreviver a cada hora do dia em um mundo de palavras, é também verdade que ele se torna menos ingênuo e aprende a se defender. Pode-se sustentar que o pluralismo dos centros de poder já é, por si só, uma defesa, pois permite que se façam escolhas, mas não se pode negar a superficialidade tendenciosa e malévola dos que apregoam aos quatro ventos que os intelectuais estão mortos. Vivemos em sociedades nas quais cresceu enormemente o espaço a eles concedido para se fazerem ouvir e multiplicaram-se os meios de difusão das produções intelectuais. Com isso não quero dizer que aumentou o seu poder. Trata-se de um outro problema: é o problema que diz respeito ao nexo, ao qual me refiro frequentemente em meus textos, entre poder ideológico e poder político, relação não simétrica e destinada a se alterar segundo as diversas circunstâncias. Se se considera que em uma sociedade economicamente avançada, tecnologicamente desenvolvida, ao lado daqueles que chamei de "intelectuais ideológicos", crescem em número e peso os intelectuais que chamei de "expertos", os "técnicos do saber humano", para usar uma expressão de Sartre, então deve-se concluir que não há detentor do poder econômico ou do poder político que possa desconsiderá-los. Aliás, é previsível que estes estejam destinados a aumentar com respeito àqueles. Demonstra-se assim que os juízos sumários sobre o desaparecimento dos intelectuais são apenas o efeito da unilateralidade da análise, que deveria ser examinada e depurada antes de se proferir qualquer sentença peremptória de condenação, e da passionalidade com que tal gênero de discurso é geralmente conduzido.

Uma terceira razão de confusão, talvez a mais grave e imperdoável, é a incapacidade de distinguir, no discurso sobre os intelectuais, o plano do ser do plano do dever ser, a postura descritiva da postura prescritiva, o momento da análise do momento da proposta. Uma coisa é delimitar a área na qual é correto usar o termo "intelectual", jamais esquecendo que outros termos equivalentes foram usados em outros tempos, outra coisa é acrescentar qual deva ser sua função na sociedade segundo este ou aquele ponto de vista. A passagem de um plano a outro ocorre muitas vezes de modo inconsciente, tanto que o juízo negativo sobre a inteira categoria depende unicamente da constatação de que, de fato, os intelectuais de quem observamos o comportamento não desempenham a função que deveriam desempenhar segundo o modelo ideal que temos em mente e com o qual nos identificamos. Mas apenas por isso deixam de ser intelectuais? A melhor prova dessa confusão é a distinção que Sartre (cito propositalmente um autor ao qual é impossível não se referir quando se discute o nosso tema) introduz entre "verdadeiros" e "falsos" intelectuais.[4]

---

4 "*Gli intellettuali*", em J.-P. Sartre, *L'universale singolare. Saggi filosofici e politici dopo la* "*Critique*", organizado por F. Fergnani e P. A. Rovatti, Milano, Il Saggiatore, 1980, p.47ss. "Falsos" intelectuais são para Sartre os que na guerra da Argélia puseram no mesmo plano a violência argelina e a violência francesa. Compreende-se que apenas partindo de uma definição persuasiva de intelectual é possível distinguir os verdadeiros dos falsos, definição persuasiva que pouco depois é apresentada assim: "O papel do intelectual é o de viver as próprias contradições e o de superá-las através do radicalismo" (p.60).

Falsos são os que desempenham uma função que para Sartre é negativa, e é negativa unicamente porque não desempenham a função que segundo ele deveriam desempenhar. Assim, será verdadeiro intelectual o revolucionário; falso o reacionário; verdadeiro será aquele que se engaja; falso, aquele que não se engaja e permanece fechado na torre de marfim.

Todos podem ver a que distorção se chega na compreensão e, portanto, na possibilidade de se resolver o problema quando se substitui arbitrariamente uma definição analítica por uma definição propositiva ou persuasiva. Fica a suspeita de que juízos sumários como aqueles sobre a decadência ou sobre a morte do intelectual dependem unicamente do fato de que, uma vez definido o intelectual segundo o modelo que assumimos, a decadência ou a morte digam respeito não tanto à categoria em geral mas àquela espécie de integrante da categoria à qual, em nossa hierarquia de valores, atribuímos um posto preeminente, àqueles que Sartre chama de "verdadeiros" intelectuais. Mas, supondo que os "verdadeiros" intelectuais estejam mortos ou estejam morrendo, terá desaparecido, na sociedade, toda forma de poder ideológico? Desde que as tarefas atribuídas ao longo do tempo aos intelectuais são diversas, senão opostas – pense-se em disputas como aquela sobre o dever do engajamento ou do desengajamento, no combate ou fora do combate, nas praças com o povo comum ou na torre de marfim apenas com os semelhantes, todo de uma parte ou mediador entre as várias partes, protetor dos valores da tradição ou ousadamente inovador –, a qual dessas figuras está se referindo quem decreta a morte dos intelectuais? Quem caiu em descrédito, o intelectual engajado ou o intelectual desengajado? Quem está morto ou desaparecido, o intelectual mediador ou o revolucionário? E assim por diante. Se a categoria não é homogênea do ponto de vista descritivo, menos ainda o é do ponto de vista prescritivo.

É bastante irritante ver-se diante de textos que não fazem tais distinções elementares. Dessa confusão mental só se pode dar uma explicação psicológica, interpretando-a como o produto de um estado de ânimo, tão frequente no intelectual que se autoavalia, que oscila entre a vocação para a autoflagelação e a vocação para a autocomiseração. Em termos realistas, porém, é lícito supor que, se, admitamos, caiu em descrédito o intelectual utopista, que gostaria de mudar o mundo à sua imagem e semelhança, passou a ter mais crédito o intelectual com os pés na terra, que aconselha o político a dar um passo de cada vez. Existem ou não existem, simultaneamente, intelectuais extremistas e moderados, otimistas e pessimistas, progressistas e conservadores? Quando um intelectual fala da morte de seus consortes, é improvável que se refira à morte de uns e de outros. A derrocada da utopia comunista anunciou a morte do intelectual idealista. Mas ao mesmo tempo não fez nascer o intelectual realista?

E como é possível deixar de levar em consideração as circunstâncias históricas que influenciam seja a preeminência desta ou daquela figura de intelectual, seja a maior ou menor expressão do seu poder? Enquanto, na Itália, em um período de política não só sem ideais mas também sem projetos, do qual talvez estejamos saindo, os intelectuais contavam cada vez menos e suas polêmicas apareciam e desapareciam sem deixar marcas e sem que os homens do poder sequer se preocupassem minimamente com elas, em um grande país como a União Soviética, dominado por uma impiedosa e obtusa ditadura, alguns poucos escritores, poetas e cientistas, com seus textos de protesto, obtiveram vasta ressonância em todo o mundo e tiveram enorme importância na dissolução de um poder que parecia destinado a durar uma eternidade. Deu-se o mesmo em períodos semelhantes na Itália. Basta recordar o magistério de Croce, intelectual não político, durante o fascismo, o fervor dos espíritos logo após a queda do regime e durante os anos da reconstrução; e, ao contrário, a escassa incisividade dos debates culturais após a consolidação do poder democrata-cristão e de uma fórmula de governo que permaneceu quase intocada e sem variações substanciais por decênios. De que criatividade cultural deram provas partidos como o Democrata-Cristão e o Socialista ou como o Partido Liberal, que tivera Croce e Einaudi entre seus pais fundadores, nos anos que precederam à queda do Muro de Berlim?

Mas então um novo livro sobre os intelectuais? Sim e não. As páginas aqui reunidas, nascidas em grande parte da minha ativa participação na Sociedade Europeia de Cultura, ao longo de um período de 40 anos, que se estende dos primeiros textos reunidos no livro *Politica e cultura*, de 1955, a *Profilo ideologico del Novecento*, cuja última edição atualizada está para sair em tradução inglesa, são em sua maior parte variações sobre o tema. Mas o tema é visto de diversos ângulos: para retomar a distinção à qual me referi anteriormente, é tratado do ponto de vista descritivo – "quem são os intelectuais?" – e fenomenológico – "quantos são os tipos de intelectuais?" –, distinto do ponto de vista prescritivo e optativo – "qual é meu ideal de intelectual?".

Com relação ao primeiro aspecto, os dois textos principais são "Intelectuais e poder", de 1977, e o imediatamente posterior "Intelectuais", verbete escrito para a *Enciclopedia del Novecento*: em ambos proponho uma tipologia, mas com critérios diversos em cada um deles. Outras tipologias, conhecidas e menos conhecidas, são ilustradas ao longo do livro (Geiger, Coser, Aron). Em um dos escritos mais antigos ("Intelectuais e classe política", de 1954), apresento algumas das mais conhecidas teorias sobre os intelectuais (Benda, Mannheim, Croce e Gramsci); mas o principal inspirador foi Benda, ao qual é dedicado um ensaio inteiro e ao qual retorno nas mais diversas ocasiões.

Com relação ao segundo aspecto, mantenho-me fiel às conclusões alcançadas em "Política e cultura", publicado em 1955. Jamais me distanciei do tipo ideal do intelectual mediador, cujo método de ação é o diálogo racional, no qual os dois interlocutores discutem, apresentando, um ao outro, argumentos raciocinados, e cuja virtude essencial é a tolerância. Daí a minha desconfiança para com os apelos e manifestos que buscam reunir homens de cultura para que exprimam unilateralmente, e muitas vezes fazendo largo uso da moção dos afetos, uma opinião ou um conselho, endereçados a interlocutores que não escutam: o texto composto há muitos anos sobre o tema, havia ficado até hoje sepultado nas memórias da revista *Comprendre*.

A outra firme convicção que me orientou em todos esses anos, e que se foi reforçando pela contínua e monótona lição da história e pela participação no debate político desde a queda do fascismo, é que entre intelectuais e políticos existe um hiato difícil de eliminar, só em tempos excepcionais está destinado a diminuir ou a desaparecer. Este hiato me induziu a não me iludir com a função imediatamente política dos primeiros, tanto no que diz respeito às suas recriminações e denúncias como no que diz respeito às suas propostas ou aos seus projetos de uma sociedade justa. Não sei se à guisa de consolação ou como máxima de experiência em que desejo acreditar e na qual vejo com alegria que alguns outros também acreditam, retorna sempre a ideia de que política da cultura e política dos políticos são esferas que devem ser mantidas bem distintas; mesmo que se reconheça que o homem de cultura faz política, ele o faz no longo prazo, tão longo que os lances mais imediatos não deveriam perturbá-lo nem desviá-lo de sua estrada. Tive a oportunidade de repetir com frequência a seguinte ideia, que pode ser considerada a conclusão de meu *Perfil ideológico*: a história das ideias e a história das ações correm sobre trilhos paralelos que raramente se encontram.

Disse: sim e não. Ao lado dos textos sobre a natureza e a função dos intelectuais, republico dois ensaios não muito conhecidos sobre a grandeza e a miséria da ideologia europeia que, operando com base em uma secular tradição de eurocentrismo, hoje em extinção, vê a Europa como pátria da liberdade.

Gostaria, por fim, de chamar a atenção do leitor, posto que chegue ao final do livro (embora não seja necessário ler os ensaios aqui reunidos um após o outro) para o texto autobiográfico que fecha o volume e que foi o último a ser escrito. Trata-se de um texto algo extravagante mas não estranho ao espírito do conjunto. Relata episódios de uma viagem à China, realizada no final de 1955, nos mesmos dias em que *Política e cultura* chegava às livrarias. Destaca um problema incandescente, que não encontrou ainda uma resposta equilibrada: por que tantos integrantes da *intelligentsia* europeia acreditaram cegamente no comunismo. Nessas páginas não proponho uma solução, limito-me apenas a oferecer um testemunho.

Páscoa, 1993.

Sobre os textos[5]

"A 'força não-política'". Publicado em *Il Ponte*, ano IX, n.3, março de 1953, p.271-2, na seção "Osservatorio". No mesmo período, eu havia escrito o artigo "Croce e la politica della cultura", em *Rivista di Filosofia*, ano XLIV, n.3, julho de 1953, p.247-65, republicado em *Política e cultura*, Torino, Einaudi, 1955, p.100-20.

"Dois paradoxos históricos e uma escolha moral". Publicado em *Il Ponte*, ano X, n.6, junho de 1954, p.965-8. Resposta a um questionário, proposto pela revista, a propósito do caso do físico norte-americano Julius

---

5 Por exigências contratuais, a presente edição brasileira deixa de publicar os ensaios "Política e cultura" (1963), "Cultura e fascismo" (1937), "Sobre a existência de uma cultura fascista" (1975) e "Tolerância e verdade" (1987), que integram a edição italiana original. (N. E.)

Robert Oppenheimer, submetido a uma Comissão de Inquérito por ter hesitado em colaborar para o desenvolvimento das pesquisas, em razão de considerações morais e humanitárias, diante das assustadoras perspectivas das bombas termonucleares. As perguntas do questionário referiam-se ao tema das relações entre busca da verdade e liberdade de pesquisa e às possíveis consequências de uma e de outra.

"Intelectuais e classe política". Estas páginas nasceram como introdução a uma investigação sobre a relação entre intelectuais e política – ou, mais concretamente, classe política –, promovida pela revista *Occidente*, surgida em Milão por iniciativa de Ernesto de Marchi e depois transformada, precisamente a partir do fascículo que abrigou esta investigação, como se lê no subtítulo do frontispício, em *Rivista anglo-italiana di studi politici* (ano X, n.1, 1954). Minha introdução era seguida pelos seguintes artigos: E. de Marchi, "Nota sugli intellettuali italiani e la politica"; A. Briggs, "Intellettuali e politica nel Regno Unito"; J. Joll, "Intellectuals and German Politics"; A. G. Nicholas, "Intellectuals and Politics in USA"; M. Beloff, "Intellectual Classes and Ruling Classes in France"; E. de Marchi, "Thought and Political Practice in Italy".

"Julien Benda". Este ensaio foi escrito por ocasião da morte de Julien Benda e publicado em *Il Ponte*, ano XII, n.8-9, agosto-setembro de 1956, p.1377-92. Retornei ao tema resenhando o livro de J. Niess, *Julien Benda*, Ann Arbor, The University of Michigan Press, 1956, in *Rivista di Filosofia*, ano XLVIII, n.4, 1957, p.435-7, e numa intervenção radiofônica para o ciclo "I profeti della crisi europea: Julien Benda", depois publicada em *Terzo Programma*, n.3, 1967, p.156-60.

"Considerações sobre os manifestos dos homens de cultura dirigidos às autoridades políticas". Discurso lido durante a X Assembleia Geral da Sociedade Europeia de Cultura, realizada em Veneza, de 4 a 6 de outubro de 1965. Publicado em francês em *Comprendre. Revue de la politique de la culture*, n.29-30, 1967, p.260-5.

"Intelectuais e poder". Discurso introdutório ao Seminário sobre "Os partidos e a cultura na Itália", organizado pela seção cultural do Partido Socialista Italiano e pelo Club Turati, realizado em 28-29 de outubro de 1977 e publicado com o título "Os intelectuais e o poder", em *Mondoperaio*, Revista Mensal do Partido Socialista, ano XXX, n.11, novembro de 1977, p.63-72.

"Da presença da cultura e da responsabilidade dos intelectuais". Discurso apresentado à XIV Assembleia Geral da Sociedade Europeia de Cultura, realizado em Siena entre 20 e 23 de outubro de 1978. Publicado primeiramente em *Studi Senesi*, ano XC, fascículo 3, 1978, p.307-28, depois em francês em *Comprendre. Revue de la politique de la culture*, n.45-6, 1979-1980, p.216-27.

"Intelectuais". Verbete da *Enciclopedia del Novecento*, Roma, Istituto della Enciclopedia Italiana, v.III, p.798-808.

"Grandeza e decadência da ideologia europeia". Discurso apresentado no seminário sobre o tema "Cultura e culturas europeias", realizado pelo Istituto Universitario Europeo di Firenze, de 28 a 30 de maio de 1986, depois publicado em *Lettera Internazionale*, ano III, n.9-10, julho-dezembro de 1986, p.1-5.

"A Europa da cultura". Comunicação apresentada à Assembleia Geral da Sociedade Europeia de Cultura, realizada em Mantova entre 26 e 28 de outubro de 1984, sobre o tema "A Europa: realidade de uma utopia". Parcialmente publicada em *Lettera Internazionale*, ano II, n.3, inverno de 1985, p.8-10.

"Nem com eles, nem sem eles". Publicado em *Nuvole*, ano II, n.3, março-abril de 1992, p.6-8.

A "FORÇA NÃO-POLÍTICA"

O problema das relações entre política e cultura tem sido apaixonadamente debatido nesses últimos anos. Para indicar a importância dele, sirvo-me da seguinte antinomia: se o homem de cultura participa da luta política com tanta intensidade que acaba por se colocar a serviço desta ou daquela ideologia, diz-se que ele trai sua missão de clérigo. É a posição, bem clara e bem conhecida, de Julien Benda:

> O clérigo moderno deixou completamente de admitir que o laico desça sozinho à praça pública; ele considera ter-se imbuído de uma alma de cidadão e da necessidade de realizá-la com vigor; sua literatura está plena de desprezo por aquele que se fecha em sua arte e em sua ciência e se desinteressa das paixões da cidade. Entre Michelangelo, que repreende Leonardo por ser indiferente para com as desventuras de Florença, e Leonardo, que responde afirmando que o estudo da beleza preenche na realidade todo o seu coração, ele se alinha violentamente ao lado do primeiro. (*La trahison des clercs*, 1946, p.128).

Mas se, de outra parte, o homem de cultura põe-se acima do combate [*al di sopra della mischia*][1] para não trair e se "desinteressa das paixões da

---

1 A expressão italiana, empregada diversas vezes por Bobbio ao longo do livro, está referida, como ficará claro em capítulos subsequentes (cf. sobretudo "Da presença da

cidade", diz-se que faz obra estéril, inútil, professoral. É a posição, para também mencionar um nome conhecido, de Antonio Gramsci:

> A falta de vontade de se engajar a fundo, a distinção entre o que deve fazer um intelectual e o que deve fazer o político (como se o intelectual não fosse também um político, e não só um político ... da "intelectualidade") e, no fundo, toda a concepção histórica croceana, estão na origem desta difusão. Vê-se que ser partidário da liberdade em abstrato não conta nada, é simplesmente uma posição de homem de gabinete que estuda os fatos do passado, mas não de homem atual que participa das lutas do seu tempo. (*Passato e presente*, p.27).

Em suma: na medida em que se faz político, o intelectual trai a cultura; na medida em que se recusa a fazer-se político, a inutiliza. Ou traidor ou inutilizador.

Mas essa antinomia, atente-se bem, nasce do fato de que ambas são posições extremas e unilaterais em seu extremismo. A primeira faz de cultura e política dois termos antitéticos; a segunda reduz a cultura à política como se se tratasse de um único termo. Para dissolver a dificuldade valho-me de um pensamento de Croce (em um de seus últimos escritos):

> Cada um de nós pode contribuir, cotidianamente, dos mais variados modos, para restaurar, para robustecer, para tornar mais operativo e combativo o amor pela liberdade, e sem pretender ou esperar o absurdo, ou seja, que a política modifique a sua natureza, contrapor a ela uma *força não-política*, uma força que a política jamais pode suprimir radicalmente porque renasce sempre nova no peito do homem e *com a qual deverá sempre ajustar as contas* (*Indagini su Hegel*, p.159. Grifos meus).

Aqui, em Croce, portanto, não há nem antítese nem unidade imposta, mas distinção e integração recíproca. Há uma força não-política, e portanto a política não abraça (ou não sufoca) todo o homem. Mas a

---

cultura e da responsabilidade dos intelectuais" e "A Europa da cultura"), à famosa frase de Romain Rolland *"au-dessus de la mêlée"*, pronunciada durante a Primeira Guerra Mundial para enfatizar a necessidade de independência do intelectual. Tanto em italiano (*"mischia"*) como em francês (*"mêlée"*), a expressão remete-se sempre à ideia de um combate desordenado e violento, podendo ser traduzida, em português, de diferentes maneiras: combate, peleja, tumulto, rixa, contenda, briga. (N. T.)

política precisa dar-se conta de que possui essa força, e portanto ela também é um elemento vivo e vivificador da "cidade".

Força não-política, quer dizer, para Croce, força moral. Aqui está a missão do homem de cultura: aqui está, diria, a sua política. Na medida em que defende e alimenta valores morais, ninguém pode acusá-lo de ser escravo das paixões partidárias. Porém, ao mesmo tempo, na medida em que adquire consciência bem clara de que estes valores não podem ser desconsiderados por nenhuma república, sua obra de artista e de poeta, de filósofo e de crítico, torna-se eficaz na sociedade da qual é cidadão. Faça-se pois o homem de cultura, conscientemente, sem reservas nem falsos temores, portador dessa força não-política: não será nem traidor nem inutilizador.

DOIS PARADOXOS HISTÓRICOS
E UMA ESCOLHA MORAL

1 Com respeito ao habitual modo de pôr o problema da "liberdade de pesquisa científica", o caso do cientista que se recusa a desenvolver uma pesquisa por razões morais apresenta dois aspectos paradoxais.

Admitamos que por "liberdade de pesquisa científica" entendam-se, na linguagem jurídica, duas coisas: a) a pesquisa científica é uma atividade *lícita*, quer dizer, é uma atividade que, não sendo nem comandada nem proibida, é permitida. É permitido o que se pode fazer e o que se pode não fazer; mais precisamente: pode-se fazer na medida em que não é proibido, pode-se não fazer na medida em que não é comandado; b) a pesquisa científica é uma atividade *autônoma*, quer dizer, deve poder se desenvolver seguindo a própria lei de desenvolvimento e em conformidade com seu próprio fim essencial (que é a descoberta da verdade), sem ser submetida a regras, diretivas ou controles por parte dos poderes públicos.

A distinção entre licitude e autonomia deve ser bem considerada, pois – para além do fato de que corresponde a dois distintos significados filosóficos de liberdade: liberdade como não impedimento e liberdade como livre-escolha – uma atividade pode ser juridicamente lícita sem ser autônoma (eu posso ser livre para realizá-la, mas, uma vez decidido a realizá-la, não ser livre para desenvolvê-la segundo minha vontade).

Ora, no caso em questão, tanto no que se refere à licitude como à autonomia, oferecem-se à nossa atenção novas perspectivas que nos obrigam a colocar um pouco de ordem em nossas ideias tradicionais.

2 Quanto à licitude, não há dúvida de que, dizendo ser a pesquisa científica uma atividade lícita, pretende-se habitualmente dizer que é uma atividade não proibida e que pode ser legitimamente exercida. Historicamente, as chamadas liberdades individuais são o resultado de uma luta vitoriosa conduzida contra os impedimentos colocados pelas instituições públicas (eclesiásticas e civis).

Se, ao invés disso, um cientista se recusa a empreender uma determinada pesquisa, deve-se dizer que a pesquisa científica, neste caso, é lícita na medida em que se pode não exercê-la, isto é, passa a ser considerada atividade lícita não mais por ser não proibida, mas por ser não comandada. Desde que a permissão implica tanto o poder fazer como o poder não fazer, conclui-se que, do ponto de vista da legalidade, a licitude da pesquisa científica implica também a faculdade de não exercê-la. Porém, historicamente, é preciso reconhecer que o caso é novo, no sentido de que a liberdade da pesquisa científica, que foi conquistada e defendida como iberdade de uma proibição, aqui assume o valor de uma liberdade de comando, ou seja, não como liberdade de fazer aquilo que não é proibido, mas como liberdade de não fazer aquilo que não é comandado. Em outras palavras: não é mais o indivíduo que pede para poder fazer aquilo que as instituições públicas até agora lhe proibiram, mas para não fazer aquilo que as mesmas instituições públicas ameaçam impor a ele.

3 Quanto à autonomia da pesquisa científica, afirmou-se que ela significa que a ciência não deve obedecer a outro fim que não o da descoberta da verdade. Esse reconhecimento do valor da verdade é, também ele, um produto histórico de uma secular luta contra toda forma de Estado confessional, dogmático, pedagógico, ético, que pretende ter uma verdade própria para opor à verdade dos indivíduos.

Ao contrário, no caso do cientista que se vê perturbado diante das consequências morais de uma descoberta científica, a tradicional relação entre verdade da ciência e verdade de Estado fica invertida. O Estado aparece, paradoxalmente, como o promotor da verdade e, portanto, da autonomia da pesquisa científica, lá onde o cientista, submetendo a pesquisa científica a valores diversos daqueles da pura pesquisa, nega a autonomia dela. Na luta tradicional pela autonomia da ciência, foi o indivíduo que se pôs do lado do direito à verdade contra o Estado, que tinha suas boas razões para subordinar a verdade a outros fins e valores. E eis que agora nos deparamos com o contrário: é o Estado que pede o exercício sem impedimentos da pesquisa e o indivíduo a isso se opõe em nome de valores superiores à verdade. (O Estado está destinado a se encontrar perpetuamente – e felizmente – com o indivíduo raciocinante que lhe bloqueia a estrada: num primeiro momento o indivíduo pretende considerar a verdade acima da política; depois, quando o Estado percebe que a verdade beneficia a política, o indivíduo o faz observar que a verdade não basta e que, para além da verdade, existem os valores morais.)

4 O problema jurídico de saber se o Estado tem ou não tem o direito de impor a um cidadão a obrigação de realizar uma determinada pesquisa científica não pode ser deixado em abstrato, mas apenas quando relacionado a este ou aquele ordenamento.

Em geral, pode-se dizer que desde que todo ordenamento põe limites a qualquer esfera de licitude, no interesse da convivência com os outros e da conservação do Estado, as mesmas razões que valem para limitar o exercício de uma atividade lícita valem também para limitar o não exercício. Não se vê que diferença existe entre o dano que pode advir para a ordem pública, ou para a segurança pública ou para os bons costumes, ou para as supremas exigências do Estado, do exercício de uma atividade lícita, e o dano que pode derivar de um exercício ausente. A única diferença está no fato de que as violações de limites derivadas do não exercício são mais dificilmente imagináveis. Diria, porém, que no campo da economia assiste-se a uma análoga mudança de perspectiva lá onde as mesmas garantias que o Estado havia reservado para si diante do exercício, digamos, da liberdade do empreendedor, intervêm em alguns casos para proteger o Estado contra a interrupção do exercício daquela liberdade. Há, pois, também uma diferença formal: na medida em que se encontra impedindo o exercício nocivo de uma liberdade, o Estado se apresenta na figura daquele que proíbe; na medida em que se encontra impedindo o não exercício, apresenta-se na figura daquele que constringe; e essa segunda figura é mais odiosa do que a primeira pela mesma razão que faz que o constringido seja mais compassível do que o impedido.

Porém, no conjunto, não veria no fato de que o Estado faça valer um interesse da coletividade (da qual ele é em última instância, agrade ou não, o último juiz), quando este interesse é lesado não pelo exercício mas pelo não exercício de uma atividade lícita, nada que seja contrário à lógica de um ordenamento jurídico em geral. Dúvidas, perplexidades e objeções podem surgir não de um juízo abstrato sobre o direito do Estado de intervir, mas do modo como intervém, que é uma questão de direito positivo ainda mais destacada do que a primeira e, como tal, está fora da presente discussão.

5 Mas o problema do conflito entre o indivíduo que faz valer os direitos da própria consciência e o Estado que faz valer as exigências da própria conservação é, em última análise, um problema exclusivamente moral. Não existe regime tão absoluto que possa impedir a rebeldia de uma consciência honesta; nem existe regime tão democrático que possa evitar o conformismo dos ânimos servis. O caso do cientista que se recusa a desenvolver uma pesquisa científica a ele imposta por razões de Estado é um caso típico de objeção de consciência. Como todos os casos de objeção de consciência, é bastante complexo e toda resposta rígida arrisca-se a ser aproximativa e banal.

Os conflitos morais são conflitos de valores e, portanto, definitivamente, conflitos de preferências e de escolhas últimas, diante das quais qualquer argumentação de caráter puramente racional (que não apele a situações emocionais) parece tornar-se vã. Em nosso caso, o raciocínio nos ajuda na melhor das hipóteses a resolver o conflito em uma alternativa do seguinte gênero: a construção da bomba de hidrogênio deve ser condenada, pois tal dispositivo bélico é um mal em si mesmo, independentemente do fato de que venha a ser empregado e do uso que dele seja feito; ou melhor, a construção da bomba de hidrogênio é algo moralmente indiferente, pois o dispositivo bélico é apenas um instrumento e como todos os instrumentos tanto pode servir ao bem como ao mal, em conformidade com o modo e o fim em que é empregado. Pode ser um bem se servir para evitar uma guerra; também pode ser um bem se for empregado em uma guerra justa (defensiva), e será um mal se for empregado em uma guerra injusta (ofensiva). Mas basta enfocar a questão nestes termos para se dar conta de que tanto a primeira alternativa como a segunda remetem a ulteriores juízos de valor: a primeira ao desvalor da violência e ao valor primordial da vida humana como condição de todos os valores; a segunda, ao valor do justo e do injusto com base no qual se avalia o próprio valor e desvalor da vida humana.

6 Diante dessa alternativa, assim como diante de toda alternativa moral, cada um deve fazer seu próprio exame de consciência e afirmar as próprias preferências. Não há outro conselho ou ensinamento a dar.

OS INTELECTUAIS E O PODER 29

No que me diz respeito, há em meu ânimo (não sei bem por qual fonte inspirada ou insuflada) uma natural inclinação em favor daquele que opõe uma objeção de consciência. Se, depois, busco as razões para me persuadir da validade dessa inclinação (mas sei que as razões são vãs e são absolutamente ineptas para convencer mesmo o mais íntimo amigo que tenha um diverso sistema de valores), ocorre-me de dizer assim: é constatação comum que, no mundo de hoje, o progresso intelectual (e portanto científico) deu passos gigantescos em comparação com o progresso moral; e o progresso intelectual separado do progresso moral se resolve (resolveu-se) na mais abominável carnificina jamais havida. Por isso, diante das duas ações seguintes – de um lado, a contribuição para um ulterior avanço da ciência e da técnica; de outro, um ato de solidariedade com todos os inocentes do mundo ameaçados por este avanço –, parece-me ser mais importante, hoje, a segunda. Se o progresso moral da humanidade fosse tal que me assegurasse que a bomba de hidrogênio jamais seria empregada; ou se o progresso jurídico fosse tal que nos garantisse que seria empregada somente no caso de guerra justa, isto é, para punir os injustos (mas, neste caso, seria necessário o super-Estado com seu super tribunal), então sim, a escolha poderia ser refeita sem inconvenientes. Mas, no primeiro caso, por que é que a bomba mortífera deveria ser construída? E, no segundo, o que faria com uma bomba assim potente e incômoda o tribunal universal? Às forças policiais, como se sabe, em vez do gás asfixiante basta o gás lacrimogêneo.

Embora eu seja um admirador incondicional das grandes descobertas no campo da ciência, admiro com mais devota reverência a nobreza de uma consciência moral. Na história da humanidade vejo resplandecer de luz mais pura o ato de solidariedade com os oprimidos – tanto mais se é realizado por um homem que também é um gênio científico – do que a descoberta de uma verdade, ou ao menos me parece que esta última adquira tanto mais valor quanto mais estiver a serviço daquele. De fato, não sei com segurança que benefício possa a humanidade obter com a descoberta da bomba de hidrogênio. O que sei – e sei com certeza – é o grande benefício que podemos esperar, nesse nosso mundo dominado pela potência, do exemplo de um grande cientista que soube escutar, além da voz da potência, também aquela, mais discreta e menos perceptível, da consciência. E isto é, em meu modo de ver, uma aquisição positiva da humanidade, destinada a perdurar nos séculos. Acrescento que do fato de que esse valor venha a ser compreendido, aceito pelos outros, incorporado, por assim dizer, à história da humanidade, depende essencialmente se a humanidade – no caso em que tivesse, por efeito daquela bomba, que recomeçar, como após o Dilúvio, desde o início – retomará o caminho rumo a novas formas de civilização ou se se perderá definitivamente na noite da barbárie. De forma mais drástica: não estou seguro de que a bomba de hidrogênio seja capaz de salvar o mundo; poderia destruí-lo. Estou seguro de que a consciência moral não só não o destrói como, se vier a ser destruído, o salvará.

INTELECTUAIS E CLASSE POLÍTICA

1 Para que o problema da relação entre intelectuais e classe política faça sentido são necessárias duas condições preliminares: a) que os intelectuais constituam ou creiam constituir, em um determinado país, uma categoria à parte; b) que essa categoria de pessoas tenha ou creia ter uma função política própria, que se distinga da função de todas as outras categorias ou classes componentes daquela determinada sociedade.

A julgar pelos artigos aqui reunidos com o propósito de lançar um primeiro olhar sobre a natureza dessas relações nos principais países do Ocidente, parece que os resultados a que chegam os diversos autores são bem diversos entre si, segundo se trate dos países anglo-saxões ou dos países continentais. Sobre os primeiros, dever-se-ia concluir que não existem as duas condições acima recordadas e que, portanto, o próprio problema ou não tem sentido ou ao menos está desfocado. Diria, para tentar uma síntese, embora com alguma simplificação, que nos Estados Unidos, segundo Nicholas, não existe a primeira condição: os intelectuais americanos não têm coesão entre si, vivem além do mais no isolamento, são solitários em um país tipicamente *"gregarious"*. Na Inglaterra, ao invés disso, seríamos tentados a dizer, seguindo Briggs, que existe, embora em forma de aspiração vaga e doentia [*morbosa*], nascida dos influxos estrangeiros na sociedade inglesa, a primeira, mas não a segunda: existem, sim, intelectuais que tendem a se constituir como grupo homogêneo e diferenciado, mas, como tais, isto é, como têm a presunção de se

32 NORBERTO BOBBIO

considerarem intelectuais puros, têm escasso crédito na sociedade e, portanto, seria fora de lugar falar de qualquer caracterização política deles.

2 O problema é, ao contrário, bastante vivo nos países continentais. Para provar isso, bastaria o fato de que tanto na França como na Alemanha, na Itália como na Espanha, o tema foi objeto contínuo de investigações e de apaixonadas discussões, e a ele se dedicaram conhecidos pensadores com obras que tiveram, às vezes, grande ressonância. Desejo recordar ao menos um pensador para cada um dos quatro países mencionados, observando que as obras a que me refiro foram escritas mais ou menos nos mesmos anos, em torno de 1930.

A mais conhecida obra de Julien Benda, *La trahison des clercs*, que remonta a 1927, é uma polêmica contra certo modo de apresentar as relações entre cultura e vida política, e uma resposta à pergunta: quais são os deveres e a função do homem de cultura na sociedade? É conhecida a resposta: os intelectuais têm a missão de defender e promover os valores supremos da civilização, que são desinteressados e racionais; na medida em que subordinam sua atividade aos interesses contingentes, às paixões irracionais da política, traem sua missão. Essa condenação de Benda obteve grande repercussão e foi suficiente para dar celebridade ao autor em todos os ambientes intelectuais da Europa, nos quais, mesmo em anos mais recentes, posteriores à Segunda Guerra Mundial, um dos temas prediletos foi o dos limites e da natureza do engajamento político e social do homem de cultura.

Na Alemanha, também houve uma obra importante neste campo: *Ideologie und Utopie*, de Karl Mannheim, de 1929, na qual se sustenta uma tese muito lisonjeira para os senhores do intelecto. Ao passo que Benda escreve como moralista, repreendendo os intelectuais, chamando-os ao senso das suas responsabilidades, indicando-lhes a estrada do dever sem recompensas mundanas, Mannheim propõe-lhes uma tarefa simultaneamente teorética e prática. A vida política de uma nação está caracterizada pelo fato de que nela coexistem várias ideologias, cada uma das quais representativa de um ponto de vista parcial. Se não se deseja que estas ideologias contrastem entre si sem trégua, deve-se tentar a síntese, isto é, deve-se tentar alcançar uma visão compreensiva (dinâmica e não estática) dos vários pontos de vista em conflito. Segundo Mannheim, esta síntese só pode ser obra de uma categoria que, diferentemente de todos os demais agrupamentos que produzem ideologias sociais, não tem uma composição de classe e está desancorada da sociedade, desvin-

OS INTELECTUAIS E O PODER

culada de interesses e funções específicas: essa categoria, não classe, é a dos intelectuais, que ele chama, seguindo A. Weber, de *freischwebende* [livre-flutuante].

Mais ainda: todo o pensamento político de Ortega y Gasset está fundado sobre a distinção entre elites intelectuais, às quais cabe a direção da sociedade, e massas, cujo destino é deixar-se conduzir por uma minoria de espíritos clarividentes. Sobre os intelectuais, considerados como a parte viva, progressista e moderna da nação em contraposição às massas produzidas pela democracia doente dos nossos tempos, Ortega deposita as próprias esperanças de uma regeneração não só da "Espanha invertebrada", mas também da Europa. Em uma conferência pronunciada em 1914 (*Vieja y nueva política*), na qual expunha o programa de uma "Liga de educação política espanhola", ele afirmava que o primeiro objetivo do intelectual é "promover a organização de uma minoria encarregada da educação política das massas". Depois, tanto na obra em que examina a situação espanhola (*España invertebrada*, 1922), como na que estende a investigação à situação europeia (*La rebelión de las masas*, 1930), a ideia dominante é a de que existem, de um lado, minorias intelectuais destinadas a elaborar a grande política da renovação, e, de outro, massas à espera de serem plasmadas por espíritos superiores. Talvez não tenha existido autor, na Europa, que tenha expressado, mais do que Ortega, o espírito de casta do intelectual e tenha contraposto, com mais desdenhosa e orgulhosa confiança, a obra iluminadora dos intelectuais às paixões do homem gregário.

Quanto à Itália, grande parte da obra de Benedetto Croce, sobretudo depois de 1925, pode ser interpretada como uma defesa dos "valores da cultura" contra a sua confusão com os "valores empíricos", e como uma constante e corajosa afirmação do dever que tem o homem de cultura de assumir tal defesa diante da incompreensão ou, pior, da deliberada vontade de pisoteá-los, própria dos políticos. A política de Croce foi, na realidade, sobretudo uma política da cultura. Com o amadurecimento de seu pensamento e de sua compreensão histórica, e com o agravamento na Itália da crise das instituições liberais, Croce foi consolidando cada vez mais sua convicção de que cabia aos intelectuais uma função política própria, a de afirmar o valor da liberdade entendido como ideal moral da humanidade, e de que dessa atribuição de tarefas devia-se extrair a distinção inevitável entre a função do intelectual e a função do político e, ao mesmo tempo, a indicação da importância do homem de cultura na sociedade. Nas últimas páginas de *Storia d'Europa* (que é de 1932), podemos recordar com que ênfase acurada ele se dirige à pequena e aristocrática *respublica literaria* de nobres intelectos que, apesar de dispersos no mundo, têm fé no ideal da liberdade, e nos quais deposita suas esperanças de uma renovação moral e política europeia.

3 As posições delineadas representam quatro pontos de vista típicos a respeito do problema das relações entre intelectuais e classe política, e pressupõem as duas condições preliminares anteriomente mencionadas. Em todos eles faz-se referência contínua aos intelectuais como grupo homogêneo e diferenciado na sociedade e reconhece-se a existência de um problema particularmente vivo e urgente quanto às suas relações com a vida política.

Os posicionamentos a que esses pontos de vista dão lugar podem ser esquematicamente definidos do seguinte modo: 1. o intelectual não tem uma tarefa política, mas uma tarefa eminentemente espiritual (Benda); 2. a tarefa do intelectual é teórica mas também mediatamente política, pois a ele compete elaborar a síntese das várias ideologias que dão passagem a novas orientações políticas (Mannheim); 3. a tarefa do intelectual é teórica mas também imediatamente política, pois apenas a ele compete a função de educar as massas (Ortega); 4. a tarefa do intelectual também é política, mas a sua política não é a ordinária dos governantes, mas a da cultura, e é uma política extraordinária, adaptada aos tempos de crise (Croce).

Pode-se observar que em cada um destes posicionamentos está contido, de forma aberta ou velada, um perigo de degeneração. Assim se explicam outros posicionamentos, igualmente típicos, que talvez sejam os mais difundidos. Mais que isso: se hoje se fala com uma certa apreensão do problema das relações entre intelectuais e classe política, isso depende do fato de que se assiste com mais frequência à caricatura destes quatro posicionamentos do que à sua genuína expressão.

Da defesa da pureza do clérigo, afirmada por Benda, nasce a tentação à evasão e, portanto, o gosto pelo esotérico, pelo culto aos iniciados ou pela especialização irresponsável, o completo estranhamento [*estraniazione*] da "*civitas*", uma concepção hedonista da cultura e agnóstica da vida política.

Da concepção própria de Mannheim, que vê os intelectuais como indivíduos desvinculados das classes e encarregados da síntese, passa-se insensivelmente à proclamação de que os intelectuais, para falar também aqui com uma fórmula célebre, estão "acima do combate": diante dos dois contendores (a situação hodierna é mais do que nunca favorável, nesses últimos anos, a semelhante posicionamento), crê-se que a tarefa do intelectual seja a de não se comprometer com nenhum dos dois, de não sujar as mãos, de observar com aristocrático desdém os cães que se pegam a dentadas, e de continuar a especular, prognosticando desventuras, sobre o desfecho da batalha. Um certo neutralismo hodierno deriva precisamente de uma exagerada consciência da própria posição não classista e da própria função conciliatória.

A consideração do intelectual como elite dirigente, expressa por Ortega, gera facilmente um senso de fastídio da política, condenada como coisa inferior, tão logo a extremamente ingênua certeza de modificar o mundo com as ideias da própria cabeça seja substituída pela desilusão diante da impraticável realidade; a salvação, então, acaba por ser buscada, como acontece habitualmente com os aristocratas da cultura, no isolamento e no recolhimento interior, que é um modo de se lavar as mãos.

Na política da cultura, tal como entendida por Croce, pode-se entrever uma outra desgraça (que me parece difundida sobretudo entre os intelectuais italianos nesses últimos anos): a que consiste em concentrar a política dos intelectuais em um partido dos intelectuais (certos fenômenos como o Partido da Ação e a Unidade Popular indicam isso com clareza). Se os intelectuais – argumenta-se – têm uma função política própria, é válido que formem seu partido. Devemos recordar quantos esforços fez Croce depois da guerra para tentar demonstrar que o Partido Liberal, apesar de ser um partido político e não uma associação cultural, era um partido diferente dos demais porque era "o partido da cultura", no qual os intelectuais italianos deveriam sentir-se como em sua própria casa.

4 Nos artigos aqui publicados podem ser encontrados, se não me engano, de diversas maneiras e com diversos matizes, tanto os posicionamentos degenerados como os genuínos, mas talvez mais os primeiros que os segundos. Em ambos, porém, o vício fundamental é o mesmo. Os intelectuais neles aparecem, precisamente porque convencidos de serem um grupo autônomo acima das classes, desenraizados da sociedade em que vivem, e a diferença está, no máximo, em uma maior ou menor ostentação deste isolamento. Todos os posicionamentos aqui examinados, de fato, mostram a tendência a elevar os intelectuais acima dos

demais grupos sociais, ou pelo primado dos valores que representam ou pela superioridade intrínseca à sua vocação (ou profissão) de suscitadores de ideias diretivas; mostram também a tendência a lhes atribuir uma tarefa única e extraordinária. Oscilam entre o programa máximo da república platônica governada pelos sábios, que não parece ter esgotado seu fascínio, e o programa mínimo da função crítica e estimuladora dos *"philosophes"* do século XVIII. Mas entre esses dois ideais a realidade é bem diversa: a realidade é com frequência a angústia do conventículo, a inatividade forçada da solidão, a aridez da segregação. Creem flutuar sobre as ondas como os senhores da tempestade e são impelidos, sem que se deem conta, a uma ilha desabitada.

O pior é que essa situação gerou contragolpes, bem visíveis nos anos do pós-guerra, sobretudo na Itália e na França. Ao isolamento reagiu-se com o *engagement*, com um envolvimento tão profundo na política que se passou a aceitá-la passivamente como guia. Ao ardor de uma estéril revolta individual, reagiu-se com a exaltação da obediência; ao desprezo pela massa, com a incorporação à massa; ao autonomizar-se acima das ideologias, com o fanatismo ideológico do militante; à fábula de um não classismo superior, com a mortificação da inferioridade de classe. Cansados de estarem acima de todos os partidos, escolhem um para servir. Não ficam mais acima do combate, mas dentro dele. São clérigos não mais no sentido de portadores de valores espirituais, mas no sentido originário de ministros e fiéis de uma igreja constituída. Nasce o novo princípio do "partidarismo da cultura", que desafia, orgulhoso do escândalo, as inúteis vestais consagradas ao culto dos valores puros.

JULIEN BENDA

1 Apesar de ter vivido quase 90 anos (1867-1956), Benda escreveu suas obras mais significativas – aquelas que realmente contam (e, para mim, contam e pesam bem mais do que os críticos até agora estão dispostos a admitir[1]) – em um espaço de tempo não superior a 25 anos, de *Mon premier testament*, de 1910, publicado nos *Cahiers de la Quinzaine*, a *Un régulier dans le siècle*, saído em partes na *Nouvelle Revue Française* em 1936. Neste período, trava suas mais famosas batalhas intelectuais: 1. contra o bergsonismo, com *Le bergsonisme ou une philosophie de la mobilité* (1912) e *Sur le succés du bergsonisme* (1914); 2. contra o decadentismo na literatura, com *Belphégor. Essai sur l'esthétique de la societé française dans la première moitié du XX siècle* (1918); 3. contra a traição dos intelectuais, com *La trahison des clercs* (1927) e *La fin de l'éternel* (1928). Encerrado o ciclo das polêmicas, elabora, à guisa de justificação teórica e moral da própria posição de "idealista abstrato" ou de "racionalista absoluto", em uma palavra, de "clérigo", um sistema metafísico *in nuce* (uma espécie de romance filosófico de grande força sugestiva), com

---

1 O melhor ensaio crítico que conheço, primeira tentativa de realizar uma avaliação abrangente da obra de Benda, é o de A. Del Noce, "Il dualismo di Benda", em *Rivista di Filosofia*, ano XXXVII, 1946, p.153-76 (agora em Noce, *Filosofi dell'esistenza e della libertà*. Milão, Giuffrè, 1992, p.241-65)

o *Essai d'un discours cohérent sur les rapports de Dieu et du monde* (1931). Por fim, procura compreender a natureza e a trajetória terrena deste mesmo clérigo com dois escritos autobiográficos que estão entre as suas melhores coisas – verdadeiro modelo de exame de consciência de um literato: *La jeunesse d'un clerc* (1936) e *Un régulier dans le siècle* (1937).

Antes de 1910 (ou seja, até por volta dos 40 anos), não havia escrito nada ou quase nada: recolhera-se silenciosamente no estudo das mais diversas disciplinas e artes, da filosofia à música, da literatura clássica à moderna (sobretudo a francesa do século de ouro), da matemática (da qual realiza estudos regulares na École Polytechnique) às ciências físicas e biológicas. Apenas rompe o isolamento por ocasião do caso Dreyfus, escrevendo o primeiro artigo violentamente "dreyfusista" em 1898 na *Revue Blanche*, seguido de outros textos posteriormente reunidos no pequeno volume *Dialogue à Byzance*. Depois de 1937 escreve bastante, escreve sem trégua, como se ainda tivesse muitas coisas para dizer. Porém, nada mais faz do que repetir monotonamente, como um velho teimoso e obstinado, as velhas polêmicas, com nova documentação, mas com os mesmos argumentos já conhecidos. Sobretudo nos anos que passou na mais completa solidão em Carcassonne, durante a Guerra, para evitar perseguições, compôs diversos livros, que são publicados todos de uma só vez depois da Guerra (e ficam quase ignorados): excetuando-se um novo livro autobiográfico (bem menos incisivo que os anteriores), *Exercice d'un enterré vif* (1946), e um ensaio político, que é sua primeira tentativa de crítica política (que acaba sendo inferior, em abundância e novidade de informação e argúcia, aos de crítica filosófica e literária), *La grande épreuve des démocraties* (1945), as outras obras são a continuação, ora da polêmica antidecadentista, como *La France byzanthine* (1945), ora da polêmica contra Bergson, que se prolonga na polêmica contra o existencialismo e também (um pouco mais na surdina e com menor clareza de ideias) contra o materialismo histórico, com *Trois idoles romantiques* (1948), *Du style des idées* (1948) e *De quelques constantes de l'esprit humain* (1950).

2 Benda é um escritor polêmico. Ele mesmo relata que suas obras nasciam costumeiramente de uma irritação, de um emoção ou de um desprezo. Mais que para defender suas próprias teses, escreve para combater as teses alheias. Tem necessidade de ser excitado pela presença do adversário: os Bergson, os Barrès, os Maurras, seus eternos antago-

OS INTELECTUAIS E O PODER

nistas, são a razão mesma da sua existência como escritor. Seria possível dizer que sua vida interior foi continuamente agitada e mantida em fermentação por um interminável e emocionado colóquio com os detestados opositores. Ao realizar uma viagem aos Estados Unidos, em 1937, escreve algumas rápidas notas. A propósito de um episódio insignificante, exclama: "O intelectual aqui não salva o seu país. Um salvador como Maurras não existe. Que sentido de segurança!".[2] Afirmou em várias ocasiões que a sua posição moral foi sobretudo negativa: amou a justiça, mas odiou, bem mais, a injustiça. Para exaltar o justo, talvez não tivesse escrito sequer uma página, mas o injusto o enchia de raiva, de furor, obrigando-o a se tornar escritor. Não sem um motivo, o seu primeiro artigo é uma resposta aos enfatuados defensores da força e da nação, que pisoteiam a reconhecida inocência em nome da razão de Estado. Durante a grande crise da democracia na Europa, entre 1930 e 1940, ele está entre os mais enérgicos defensores das instituições democráticas; e explica que ele respeita, sim, a democracia acima de qualquer outra forma de governo, mas sobretudo odeia os seus inimigos. Não se pense, ele insiste, que condena a injustiça por um sentimento de piedade para com aqueles que a sofrem (seria então um sentimento positivo): condena-a por ódio doutrinário contra aqueles que a exercem.[3] A propósito da guerra da Etiópia, declara: "Eu era um clérigo, condenava a guerra não por amor sentimental aos mortos, mas por ódio doutrinário contra os matadores".[4]

Quando escreve livros não polêmicos, romances, contos, ensaios literários, históricos, filosóficos, políticos, é um escritor menos feliz, com algo de diletantismo: algumas vezes, chega mesmo a ser decisivamente enfadonho. Tratando-se de uma inteligência multiforme, seria possível dizer, diante destes livros, que ele havia desejado pôr à prova a sua bravura nos gêneros mais disparatados: a prova, porém, nem sempre é convincente. Salvaria apenas, entre estes, o *Discours cohérent*, que incluiria com muito boa vontade em uma história da filosofia contemporânea no lugar de tantos outros sistemas professorais, e, ainda, os escritos autobiográficos, nos quais, de resto, entre as páginas mais felizes estão aquelas que traçam retratos de contemporâneos, principalmente daqueles que não

---

2 *Les cahiers d'um clerc (1936-1949)*. Paris, Gallimard, 1949, p.20.
3 *Exercice d'un enterré vif*. Paris, Gallimard, 1946, p.106.
4 *Un régulier dans le siècle*. Paris, Gallimard, 1937, p.227.

lhe agradam e o induzem a uma acre maledicência: vejam-se, por exemplo, os retratos de Léon Blum, de Jaurès, de André Gide. Dos dois romances, o segundo, *Les Amorandes* (1922), conheceu um daqueles insucessos que não permitem benévolas interpretações nem revisões póstumas (e ele mesmo o abandonou, sem contrariedade, ao seu destino); o primeiro, *L'ordination* (1913), apesar de ter resvalado o Prêmio Goncourt, é a demonstração, um pouco a frio e convencional, de uma tese não muito apaixonante: que os intelectuais não devem se casar. A meio caminho entre o romance e o depoimento filosófico, entre o gênero moralizante e as recordações de viagem à Itália, *Songe d'Eleuthère* (1948) é um livro francamente detestável. Quanto à *Histoire des Français dans leurs volonté d'être une Nation* (1932), espécie de filosofia da história ou história romanceada, fundada sobre uma tese artificiosa, daquelas que se elaboram em mesa de bar e depois se pretendem confirmadas a qualquer custo pelos fatos, não consigo compreender por que um homem como Benda se dedicou a um empreendimento tão inútil e cansativo. Dos dois ensaios políticos, o *Discours à la Nation Européenne* (1932) e *La grande épreuve des démocraties* (1945), o primeiro, na sua prosopopeia moralista e na sua estrutura metafísica (a formação da Europa será um momento "do nosso retorno a Deus"), é um exercício literário ou se se quiser filosófico de escassa eficácia; o outro, certamente menos arbitrário e mais seriamente construído, peca por excesso de abstração; eu o definiria como mais filosoficamente engenhoso do que politicamente inteligente. Bem mais eficazes os ensaios ocasionais, as notas rápidas, as respostas polêmicas, as escaramuças [*schermaglie*] e as tiradas de efeito, que os acontecimentos políticos lhe inspiram! Os dois livros que os recolhem, *Précision* (1947) e *Les cahiers d'un clerc* (1949), são, mesmo no seu caráter fragmentário, quase sempre edificantes e, o que é ainda mais raro e admirável, repletos de bons argumentos e de ideias.

Benda dizia de si mesmo que era um matemático surpreendido [*capitato*] entre os literatos. Mas não se distinguiu nem nos escritos matemáticos ou filosóficos nem nos escritos literários, mas sim naqueles em que usou a sua força lógica, o seu amor pela argumentação precisa e correta, a serviço de suas sólidas convicções intelectuais e morais.

3 Das batalhas culturais que Benda desencadeou e conduziu em diversos momentos e por diversas ocasiões, idêntico é o motivo inspirador: a defesa da razão contra a paixão, da inteligência que domina e

OS INTELECTUAIS E O PODER

compreende a vida contra as pretensões da vida de se impor à inteligência. Afirmava pertencer àquela espécie de homens que William James chamou de *"once born"*: permaneceu a vida inteira fiel aos valores incorporados na juventude, empregando na defesa deles toda a força do seu "fanatismo ideológico". Foi, apaixonadamente, um adversário intransigente de toda forma de paixão. *"Ainsi s'explique peut-être mon cas"* – escreve na *Jeunesse* – *"qui est d'avoir écrit contre la vie et la passion avec beaucoup de vie et de passion".*[5] Em seus livros de recordações apresenta-se como um cartesiano perdido em um século de irracionalistas. Seus três autores prediletos eram Descartes, Malebranche e Espinosa.

Para um racionalista absoluto, como ele se definia, eram tempos insidiosos e ingratos. A fé oitocentista na ciência, com as filosofias positivistas e materialistas, estava em declínio. No início do novo século, o cientificismo exasperado e pretensioso dos positivistas havia gerado, como contragolpe, a restauração de filosofias irracionalistas. Uma destas filosofias, por certo a mais largamente difundida na Europa no primeiro decênio do século, o intuicionismo de Bergson, havia surgido e se difundira rapidamente na pátria do racionalismo clássico e do positivismo moderno. À filosofia bergsoniana, Benda se contrapõe como herdeiro não esquecido dos grandes racionalistas do século de ouro e dos racionalistas menores da segunda metade do século XIX (sobretudo Renan e Renouvier). Do momento em que inicia a polêmica (1910) até o fim de sua longa existência, Bergson será o seu grande inimigo, o maligno, que se encarna nas mais diversas formas de decadência cultural, contra a qual Benda procura antepor o válido obstáculo da inteligência ordenadora. Bergson torna-se o símbolo de tudo aquilo que ele refuta e despreza: o triunfo do instinto contra a razão. *Bergsonisme ou une philosophie de la mobilité* é uma obra-prima de crítica filosófica. Põe as teses do intuicionismo diante da seguinte alternativa: ou a intuição é também ela uma forma de conhecimento intelectual, e então todas as pretensas distinções com respeito à inteligência reduzem-se a um jogo de palavras; ou não é conhecimento da vida, mas coincide com a própria vida, e então, não podendo chegar a nenhum resultado cognoscitivo, não

---

5 *La jeunesse d'un clerc*, em *Nouvelle Revue Française*, 1936, p.282. Em francês no original: "Talvez isso explique o meu caso, o de ter escrito contra a vida e a paixão com muita vida e paixão". (N. T.)

tem qualquer interesse filosófico. Portanto, o exaltado método novo da intuição que entra nas coisas em contraposição à inteligência que permanece perenemente fora delas, ou não é um novo método, pois, salvo o engano verbal, procede em sua atividade concreta como sempre procedeu qualquer pesquisa científica; ou não é realmente um modo de conhecer, pois é apenas um modo de sentir bom para os sensitivos, para os adoradores do vago e do fluido, os místicos, para todos aqueles que não desejam fazer esforços para pensar e ficam fascinados (e inertes) diante do mistério. Benda percebe bem o nexo – que hoje, à distância de tantos anos, nos parece sempre mais claro e nos convida a um juízo mais severo perante a restauração positivista do início do século – entre a filosofia da intuição e a sociedade da época. O sucesso do bergsonismo dependeu do fato de que afirmou o primado do feminino sobre o viril, do musical sobre o plástico, da balbuciação sobre a palavra, do informe sobre o formado: por isso, põe-se como a filosofia de todos os inquietos, dos transtornados, dos irrequietos, dos rebeldes à ordem constituída, reunindo os místicos aos exaltadores da violência, Péguy a Sorel.

A essência do bergsonismo é, segundo Benda, o culto da mobilidade, a religião da mudança. Ao passo que a filosofia tradicional se funda sobre aquilo que é firme, imóvel, sobre aquilo que é constante no eterno fluir, e o seu órgão é a razão, a filosofia bergsoniana, ávida do diverso, mergulha na vida, deseja coincidir com a vida mesma, e o seu órgão é a intuição. Todas as manifestações do pensamento contemporâneo foram profundamente marcadas por ela: o mobilismo é a doença do século. O existencialismo, contra o qual Benda retoma trinta anos depois a polêmica filosófica, é uma nova encarnação daquela doença. E, sob certos aspectos, também o materialismo dialético é uma encarnação dela, em particular na tendência a desembaraçar-se do princípio de identidade em favor do princípio de contradição, para com isso colher a história em sua eterna transformação contraditória. Tanto o bergsonismo como o existencialismo e o marxismo são os três ídolos românticos que ele reúne, em um de seus últimos escritos, na crítica, entendendo por postura romântica "aquela que leva a vida ao vértice dos próprios valores, em oposição a uma ideia da vida; mais precisamente, é aquela que faz da ação, em oposição ao pensamento, o próprio bem supremo".[6]

---

6 *Trois idoles romantiques*. Paris, Mont Blanc, 1948, p.7.

OS INTELECTUAIS E O PODER · 43

4 Essa definição de romantismo não se refere ao romantismo de 1830, do qual Benda demonstra ser, em diversas ocasiões, um admirador: entre os seus clássicos estão Chateaubriand e Lamartine, Victor Hugo e Baudelaire. Quando ele fala de "romantismo", devemos ler "decadentismo". O bergsonismo e o existencialismo são, para ele, filosofias do decadentismo. Comentando o sucesso do bergsonismo, exclama:

> Compreende-se facilmente que certos doutos embrulhões, certos bardos sem inspiração, certas poetisas afetadas, que todos os incapazes de um pensamento possuído [*posseduto*] se tenham lançado sobre uma filosofia que erige a inquietação deles à condição de sumo cânone estético e lhes dá para comer o espírito dono de si mesmo. Todos estes senhores não haviam tido até agora para si senão alguns pontífices do trivial ou alguns arcontes de botequim. Agora têm um filósofo! Jamais haviam sido convidados para tantas festas.[7]

A polêmica contra o decadentismo literário é, em ordem temporal, a segunda de suas batalhas culturais e constitui, juntamente com o antibergsonismo, um dos três ou quatro motivos recorrentes em todos os seus livros. Em 1914, Benda escreve (mas o publica apenas após o término da Guerra, em 1918) o ensaio sobre a estética da sociedade francesa na primeira metade do século XX, com o título de *Belphégor*. Com sua paixão pelas definições claras, que se faz acompanhar de seu horror ao vago, à ideia confusa, não conectada por relações bem definidas com outras ideias, assim como havia procurado fixar a essência da filosofia bergsoniana no culto da mobilidade, agora procura colher a essência do movimento literário contra o qual se move, no gosto da sensação pela sensação, na *libido sentiendi*. O livro começa, à guisa de um manual de geometria, com uma proposição geral que o desenvolvimento da obra deverá demonstrar: "A presente sociedade francesa demanda das obras de arte que a façam experimentar emoções e sensações; não pretende conhecer com elas qualquer espécie de prazer intelectual". A sociedade francesa contemporânea, da qual a literatura é o reflexo mais imediato, odeia a inteligência. Alguns de seus componentes fundamentais são: a arte deve ser uma união mística com a essência das coisas, representando-as em sua realidade e não na deformação produzida pela inteligência;

---

7 *Le bergonisme ou une philosophie de La mobilité*. Paris, Mercure de France, 1912, p.60.

a arte deve rejeitar a clareza e o rigor, e mergulhar no indistinto; os valores musicais (de fluidez) sobrepujaram os valores plásticos (de composição), com o que parece tornar-se possível falar de uma tendência à musicalização de todas as artes; a arte deve se ocupar apenas da alma humana e deve representá-la fora de qualquer lei, donde deriva a sede de novidade, a busca de emoções surpreendentes; o artista deve viver a emoção sem sobrepor-se a ela pelo juízo (sintomas disso são os romances na primeira pessoa, a religião estética do teatro, o valor [*pregio*] atribuído aos livros de memórias, às obras incompletas e fragmentárias), como se quem vivesse uma emoção a fundo estivesse em condições de exprimi-la melhor e a arte não fosse mais emoção, mas a expressão da emoção pela inteligência. Seria possível falar de uma arte sob o signo do lirismo, do lirismo do mistério de um Maeterlinck ao lirismo moralizante de Barrès, de Maurras, de Rolland, do profetismo de Péguy e Claudel ao lirismo científico que resolve em lírica, deformando-a, teorias filosóficas e científicas aprendidas de ouvido e diletantemente; e de uma tendência geral ao panlirismo, entendendo-se com isso a pretensão de que tanto a arte como a filosofia e a ciência sejam suscitadoras de emoções e não de pensamentos abstratos, destemperando-se no patético e no frívolo toda atividade superior do espírito, e rebaixando-se a filosofia sem adjetivos à filosofia lírica, a crítica à crítica lírica e assim por diante.

Como a polêmica filosófica iniciada com o bergsonismo prolonga-se na crítica à filosofia da existência, assim também a polêmica literária se desenvolve passando do panlirismo ao hermetismo. Em *France byzantine* (escrito durante a Segunda Guerra Mundial), Benda retoma, servindo-se de uma mais ampla coleção de exemplos, quase todos os motivos do livro precedente, mas se detém, com maior atenção, elencan-do as características da literatura contemporânea (de Mallarmé aos surrealistas, passando por Gide, Proust, Valéry, Alain, Giraudoux, Suarès), sobre a tendência ao obscuro e sobre o desejo de que o valor da literatura resida exclusivamente na expressão verbal. Um dos novos alvos é o culto da palavra, o primado atribuído à forma sobre a substância: este é um dos elementos que distinguem o literato (cujo advento ele considera uma das causas da decadência da sociedade francesa, do seu alexandrinismo) do intelectual, do clérigo, fiel aos valores da inteligência racional.

5 Irracionalismo filosófico e bizantinismo literário estão entre os fatores dominantes da decadência, também moral, das elites intelectuais.

Este culto da emoção como ódio à inteligência os levou a se entregarem desenfreadamente às paixões; e, entre as paixões, a nossa época conheceu, como nenhuma outra época pôde fazê-lo, um tipo prevalente: a paixão política. Os intelectuais, por tradição, aplicavam a mente àquilo que é verdadeiro acima dos interesses de tempo e espaço, e eram os servidores da justiça abstrata acima das partes. A partir do momento em que a paixão política se tornou prevalente, os intelectuais começaram a subordinar as verdades eternas aos interesses contingentes da nação, do grupo ou da classe, a submeter a razão da justiça à razão do Estado: traem assim a sua tarefa.

A polêmica contra a traição dos intelectuais é a terceira batalha conduzida por Benda contra a vida social e cultural do seu tempo. *La trahison des clercs* é de 1927, época dos renascentes nacionalismos que a Grande Guerra, ao invés de arrefecer, havia estimulado, época da incipiente crise da democracia e do aparecimento ameaçador dos Estados totalitários. Recordemos que Croce, já durante a guerra, havia manifestado seu desprezo pelos estudiosos que descuidavam de seu dever para com a verdade ao avalizarem com sua autoridade as mentiras da propaganda de guerra; e, em 1925, respondendo ao manifesto dos intelectuais fascistas, havia escarnecido dos homens de cultura que se prestavam a oferecer baixos serviços de natureza intelectual aos violentos detentores do poder. Benda retoma a polêmica, dá a ela nova amplitude e a teoriza. Estabelece as bases de uma guerra sem trégua entre os verdadeiros e os falsos intelectuais: de um lado está a cultura desinteressada, de outro, irremediavelmente inimiga, a cultura serviçal. Entre uma e outra não pode haver qualquer razão de entendimento.

O novo livro de Benda também parte de uma premissa geral: o nosso tempo conheceu, mais do que qualquer outro, a intensificação e a universalização das paixões políticas. Se se desejasse dar a ele um nome, poderia ser chamado, Benda insinua, de época do primado da política. Entre estas paixões, a que veio crescendo em intensidade é a paixão nacional, que antes, quando era própria das elites, consistia sobretudo na adesão a um interesse, ao passo que agora, expressada pela assim chamada alma popular, consiste no exercício de um orgulho. "O sentimento nacional, tornando-se popular, tornou-se sobretudo o orgulho nacional, a suscetibilidade nacional. Para avaliar o quanto se tornou com isso mais puramente passional, mais perfeitamente irracional e

46   NORBERTO BOBBIO

portanto mais forte, basta pensar no *chauvinisme*, forma de patriotismo propriamente inventada pelas democracias".[8]

Partindo desta premissa, o livro passa a ilustrar uma constatação de fato: jamais como naqueles anos, nos quais as paixões políticas ganharam impulso, os intelectuais abdicaram tanto de sua missão, adotando as mesmas paixões dos homens de facção, fazendo-se fanáticos entre os fanáticos. Durante séculos os intelectuais humilharam as suas paixões e os interesses mundanos, com o olhar fixo naquilo que é universal; hoje, consideram o respeito pela universalidade um sinal de fraqueza, de ausência de virtude viril ou de distanciamento culpável, e põem-se a magnificar sua participação naquilo que é particular, como a raça, a nação, a classe. Tempos atrás, os homens de cultura depositavam a razão de ser e a dignidade de seu ofício na busca de bens espirituais; hoje, lançaram-se sobre os bens temporais, exaltando o instinto guerreiro, pregando a violência, oferecendo argumentos ideais para o espírito de conquista, invertendo a tradicional relação entre moral e política, fazendo da moral o instrumento da política, abandonando o idealista Platão pelo realista Maquiavel. Como se poderia encontrar confirmação mais dolorosa da decadência, não só intelectual mas também moral, da sociedade presente? A obra termina com um prognóstico que não poderia ser mais negro:

> Se se pergunta para onde vai uma humanidade na qual todo grupo, mais do que nunca, afunda furiosamente na consciência dos próprios interesses particulares enquanto particulares e permite que os seus moralistas lhe digam que cada um será tanto mais sublime quanto mais não conheça outra lei que o interesse, uma criança não terá dificuldade em encontrar a resposta: a humanidade dirige-se para a guerra mais total e mais perfeita que o mundo jamais conheceu, ocorra ela entre nações ou entre classes.[9]

Não podemos dizer desta vez que o pessimista tenha sido um mau profeta. O livro teve imediatamente grande ressonância e motivou clamores de protesto. Benda respondeu no ano seguinte com *La fin de l'éternel*, no qual distingue seus críticos em três categorias: os clérigos de direita, proclamadores de que "a pátria é divina"; os clérigos de esquerda,

---

8 *La trahison des clercs*. Nova edição, Paris, Grasset, 1948, p.106.
9 Ibidem, p. 245.

OS INTELECTUAIS E O PODER

afirmadores de que a teoria não pode se separar da ação; e os "filósofos", divulgadores da ideia de que a metafísica já teve o seu tempo e de que hoje também a filosofia foge das abstrações e tende ao concreto. Aos primeiros, responde: o clérigo, é verdade, ocupou-se sempre com a cidade, mas para torná-la justa: aqueles que vocês defendem ocupam-se com ela para torná-la forte. Aos segundos, mostra a ilusão em que caem ao acreditarem que o intelectual, perseguindo os próprios fins, possa também conseguir vantagens para a pátria ou para o grupo: um Estado, para se manter, necessita da força e a pregação da justiça o enfraquece; donde a especial traição dos clérigos de esquerda, consistente "em esconder a incapacidade do justo e do verdadeiro de tornar mais fortes as instituições humanas e em se esforçar para fazer passar por vantajosos para os reinos da carne certos valores cuja nobreza consiste precisamente em desconhecer o interesse destes reinos".[10] Perante os filósofos, limita-se a destacar, com ânimo acurado, o fim do eterno e as consequências que decorrem deste fim:

> Ao passo que nenhuma vontade de conquista jamais se remeteu a um Platão, a um Descartes, a um Espinosa, a um Kant, os maiores nomes, ou ao menos aqueles que são considerados como tais, do pensamento moderno, os Hegel, os Marx, os Comte, os Nietzsche, os Sorel, servem de bandeira para os vários partidos dos conquistadores.[11]

6 Condenando os clérigos traidores, Benda não pretendia condenar indiscriminadamente os intelectuais militantes. Aceitava-os desde que respeitassem essas duas condições: a) pregar a religião do justo e do verdadeiro (e não aquela do interesse do próprio grupo); b) pregá-la com a consciência da sua ineficácia prática (não com a pretensão de salvar o mundo). Mas aos clérigos militantes antepõe sempre os contempladores, os quais, "impondo ao mundo, do fundo da sua solidão, o espetáculo de existências devotadas inteiramente à busca do verdadeiro e do belo, infligem aos aspectos carnais uma humilhação mais dura e mais segura do que muitos apóstolos ... empenhados em falar e em agir na praça pública contra estes apetites".[12] Recorda o rei bárbaro, murmurante na

---

10 *La fin de l'éternel*. Paris, Gallimard, 1928, p.65-6.
11 Ibidem, p.200.
12 Ibidem, p.73.

agonia: "Existem quarenta justos que me impedem de dormir".[13] E, no entanto, ele próprio se fez, na medida em que se aprofundava a crise da democracia e da paz, clérigo militante, tomando posição perante o conflito que punha a democracia às voltas com o fascismo e o comunismo.

A democracia é, para ele, o único regime digno de um clérigo, pois é o único regime que: a) na ordem espiritual, proclama a supremacia dos valores absolutos da justiça e da verdade, ao passo que os regimes "pragmáticos" não reconhecem outro critério do justo e do verdadeiro que não a utilidade da classe dominante; b) na ordem política, proclama o princípio fundamental do respeito à pessoa humana. Com sua paixão pelas distinções claras, vê dois fins fundamentais a que visam as sociedades históricas: a liberdade e a organização. A democracia tende ao primeiro, os Estados autocráticos, ao segundo. E como os dois fins são incompatíveis, democracia e autocracia estão destinadas a se confrontarem. De resto, os inimigos da democracia – seja esta aversão derivada da sede de conquista ou de castas cúpidas de domínio, ou de novas classes que desejam conquistar o poder ou de literatos que veem na democracia o sufocamento das fortes emoções de que necessitam – são sempre representantes daquela luta da paixão contra a inteligência, daquela revolta do instinto contra a razão, objeto constante de sua obstinada e desesperada polêmica.

Na luta contra o fascismo e o nazismo, põe-se resolutamente do lado dos duros, quer dizer, daqueles que não admitem transações pávidas e gostariam que a França e a Inglaterra, a Sociedade das Nações, resistissem às provocações com a força real e não com a ameaça da força seguida de ignóbeis rendições incondicionais. Não desperdiça ocasião para protestar contra o falso liberalismo daqueles que, em nome de uma mal-entendida liberdade (que é amor pelos próprios interesses), toleram os coveiros da liberdade; contra o falso pacifismo dos humanitários que pregam a paz acima de qualquer coisa, ao passo que os valores supremos são a justiça e a liberdade, não a paz; contra o falso universalismo, segundo o qual todos os homens merecem respeito, inclusive os injustos e os violentos; contra o falso racionalismo, que pretende submeter tudo à discussão, inclusive os princípios fundamentais da democracia. A guerra da Etiópia, a guerra da Espanha, Mônaco, são, em seu juízo, outras tantas

---

13 *Um régulier dans Le siècle*, op. cit., p.199.

OS INTELECTUAIS E O PODER

etapas desta vontade de compromisso, deste espírito de conciliação, próprio dos falsos amigos da democracia.

Estes falsos amigos da democracia são, na realidade, amigos verdadeiros apenas dos próprios interesses de classe. Diante da burguesia que, por medo do comunismo, isto é, por medo de perder os próprios privilégios, não enfrenta o desafio do fascismo, Benda se encaminha pouco a pouco para os partidos de esquerda. Apesar de não aceitar a filosofia dos comunistas (seu racionalismo absoluto está em posição antitética ao historicismo materialista), encontra-se quase sempre ao lado deles na ação prática. Explica esta sua posição, que suscitaria diversos protestos ressentidos, com as seguintes palavras (escritas em 1947): "Não é culpa minha se devo dar as mãos a homens de quem rejeito a maior parte das ideias, desde o momento em que a burguesia, classe à qual pertenço por nascimento, por educação, por meus gostos, mostra há mais de meio século, diante dos valores que deveria defender, a mais cínica das traições".[14] De resto, ele afirma, ao valor supremo do clérigo, a verdade, serve-se melhor estando à esquerda que à direita, pelo fato de que "os homens de esquerda podem declarar seus fins, os homens de direita não". Os primeiros declaram desejar a justiça social e pensam efetivamente nisso (mesmo que os meios não sejam sempre idôneos); os outros dizem desejar salvar a pátria, a civilização, a liberdade, e pensam completamente no contrário; no que pensam efetivamente, na defesa dos próprios interesses, não têm a coragem de dizer, e se o dissessem ninguém os apoiaria, e por isso agem continuamente de má-fé. Além do mais, o outro valor clerical, o valor da justiça, ao qual se mostrou por toda a vida reverentemente devoto, também está do lado dos primeiros e não dos segundos; daí que entre uns e outros é preciso que haja uma guerra aberta. Em um breve apólogo, intitulado *Duas raças*, lê-se que

família de operários com sete pessoas vivem num espaço de três metros quadrados, estão cobertas de percevejos [*cimici*], morrem de tuberculose, de frio, de fome. Duas reações, inesperadas, quase animais. Pedro está indignado. Seus instintos de humanidade e de justiça o comovem inteiramente, afastando todos os demais. Paulo não tem qualquer sentimento de revolta, antes disso, experimenta satisfação: é preciso que as massas sofram para que alguns poucos fiquem bem. É a condição de todas as sociedades.

---

14 *Les cahiers d'un clerc*, op. cit., p.153.

Não há nada a fazer. Nenhum compromisso é possível entre estes dois homens. Um deve matar o outro.[15]

7 Que existissem duas "raças" humanas, uma que aprecia os valores absolutos e se dedica à contemplação, outra que não aprecia senão os valores contingentes e está voltada para a ação, e que entre essas duas "raças" não houvesse nenhuma possibilidade de compreensão e de conciliação, era uma velha ideia de Benda, referida à época do caso Dreyfus. A cada crise viu-se sempre diante da outra raça. Um dos temas constantes das suas solitárias meditações foi a presença na história humana destas duas raças inconciliáveis e a razão (biológica?, psicológica?, metafísica?) da distinção entre elas.

> Considero que a humanidade compreende duas espécies de homens, cujas funções são antitéticas, mas de cuja combinação deriva, entretanto, a civilização: os primeiros criam as instituições em detrimento da moral, os segundos pregam a moral em detrimento das instituições; os primeiros são fundadores de impérios, os segundos são clérigos; se não existissem no mundo mais que os primeiros, a humanidade progrediria, mas não haveria nada além de barbárie; se não existissem mais que os segundos, a humanidade seria moral, mas não progrediria. Eu pertenço inteiramente, sem qualquer tentativa de compromisso, à segunda classe.[16]

Para dar uma justificação à existência destas duas raças, Benda elaborou até mesmo um sistema metafísico. Na introdução ao *Discours cohérent*, explica que, refletindo sobre a oposição entre laicos e clérigos, convenceu-se de que ela manifesta duas eternas vontades do Ser: a vontade de se afirmar sempre mais como fenomênico e determinado – e essa é a vontade própria dos que têm sede de conquistas mundanas – e a vontade de se negar como ser fenomênico para retornar ao Ser infinito – e essa é a vontade de quem refuta o mundo como impiedade radical e considera que não há outra forma de retorno a Deus que a ruptura total com o mundo. Entre Ser infinito e ser finito inexiste continuidade: passa-se de um a outro com um salto. O aparecimento do mundo fenomênico no Ser infinito é um ato de vontade irracional e gratuita, de vontade egoísta; por isso, o egoísmo é congênito ao mundo, e a vontade

---

15 *Précision*. Paris, Gallimard, 1938, p.217.
16 *Exercice d'um enterré vif*, op. cit., p.115-6.

OS INTELECTUAIS E O PODER

de existir do mundo é um progressivo distanciamento de Deus. Porém, ao alcançar, na sua evolução, a formação da inteligência humana, o mundo criou um ser capaz de negar, junto com a própria vontade de existir, a existência mesma do mundo fenomênico e de reafirmar o retorno a Deus.

Nessa tarefa, o homem é clérigo, adorador do Deus infinito; contra ele estão os laicos, os adoradores do Deus imperial. Que os laicos triunfassem na esfera das ações políticas não o escandalizava: o homem político se havia feito servidor da cidade terrena, e não podia oferecer incenso a quem a ele se opunha com a espada desembainhada. Eventualmente, indignava-se com o fato de que os políticos, ao invés de aceitarem a própria lei, que era a lei da força e da mentira, buscassem embelezá-la com o decoro da justiça e da verdade. Nesse caso, ofendia-se não com a violação do princípio, mas com a arrogância intelectual com que o princípio era camuflado. O escândalo do mundo contemporâneo era que os clérigos se tivessem feito eles mesmos laicos, tornando-se a consciência filosófica do mundo em seu desejo de afirmação fenomênica. O que é lícito aos políticos não é lícito aos intelectuais.

Ao invés de ensinar ao ser temporal, como haviam feito os seus antepassados, que as suas paixões e as suas obras nada mais são que vaidade, dizem a ele que são a única realidade, e o Deus que propõem ao culto dos homens, seja para honrá-lo na potência evolutiva do mundo ou nos mais altos produtos desta potência, consiste sempre mais no Deus imperial.[17]

Os valores clericais estão "desencarnados": não mantêm nenhuma relação com o mundo. O intelectual tem o dever de honrá-los independentemente de qualquer resultado que creia poder alcançar com eles. Tais valores são abstratos ou estáticos no sentido de que são idênticos a si mesmos, acima de qualquer diferença de tempo e espaço. São desinteressados, na medida em que não visam a nenhum objetivo prático. Além do mais, são racionais, já que a adesão a eles implica o exercício da razão e não do entusiasmo, da coragem, da fé, do amor humano, que repousam apenas sobre o sentimento. Os dois supremos valores clericais que Benda professa ter honrado são a verdade, na ordem intelectual, e

---

17 *Essai d'un discours cohèrent sur les rapports de Dieu et du monde.* Paris, Gallimard, 1931, p.180-1.

a justiça, na ordem moral. O clérigo, portanto, é aquele que honra a verdade e a justiça sem se preocupar com a possibilidade de que o mundo tire vantagem disso. Mais ainda, o clérigo sabe, deve saber, que o mundo não tirará nenhuma vantagem, mas persegue aqueles valores assim mesmo. Seu fim último, de resto, não é a afirmação do mundo, mas a sua negação. Quanto à origem psicológica dessa postura, ele conta que se considerava intelectualmente herdeiro da tradicão do humanismo clássico, e moralmente herdeiro da tradição profética hebraica.

8   Do declarado pertencimento de Benda a uma das duas raças inconciliáveis, a raça dos clérigos que honram tão somente os valores absolutos, podemos extrair algumas características da sua personalidade. Acima de tudo o seu sectarismo:

> Qualquer homem que, em política, assume uma posição clara, de contornos bem definidos, é um sectário. O contrário do sectário é o disponível à Gide, que se abre a todas as filosofias sem se envolver com nenhuma delas, ou o niilismo de Valéry, que as observa de cima a baixo com idêntico desprezo, ou o "grande simpático" à Mauriac, que as afoga todas na imensidão do seu amor. Quanto a nós, acreditamos na democracia como coisa distinta e estamos decididos a defendê-la contra tudo o que a ela se opõe e pretende exterminá-la. Na realidade, somos sectários.[18]

Exemplo: "Quanto a mim, considero que, por sua moral, a coletividade alemã moderna é uma das pestes do mundo e se eu não devesse fazer outra coisa que apertar um botão para exterminá-la por inteiro, o faria sem vacilação e de imediato, exceto para chorar pelos poucos justos que cairiam na operação".[19] Naquele pós-guerra, Benda é um dos mais inflamados defensores da condenação exemplar dos colaboradores, e protesta contra os generosos de coração, os misericordiosos, os eternos conciliadores, os que pedem caridade onde se faz necessário justiça. "Se eu devo compreender tudo e não ter raiva de nada, torno-me o Pai Eterno: o que, além de tudo, não é sequer a minha tarefa".[20]

Em segundo lugar, a sua aversão a toda forma de ação prática. Se Marx havia dito que os filósofos até agora nada mais tinham feito que

---

18 *Les cahiers d'um clerc*, op. cit., p.209.
19 *Un régulier dans le siècle*, op. cit., p.153.
20 *La fin d'un clerc*, op. cit., p.243.

interpretar o mundo e que agora se tratava de modificá-lo, Benda, como filósofo, não tem qualquer interesse em modificá-lo (de resto, não tem qualquer confiança de que possa ser modificado), mas apenas em compreendê-lo. "Meu desejo era bem pouco o de mudar o mundo, mas de aperfeiçoar o meu espírito".[21] Como não crê no progresso, visa à perfeição. A quem lhe pergunta: "E então, por que tanto barulho nas coisas do mundo, tantas batalhas combatidas e asperamente combatidas?", ele responde: "De modo algum desejei salvar o mundo com meus escritos, mas apenas honrar o clérigo".[22] Os salvadores são os outros, aqueles que afasta de si, os quais, geralmente, com o pretexto de salvar o mundo, repudiaram a verdade e a justiça.

> A paixão pelas coisas do espírito é imperiosa; aquele que foi por ela mordido concederá talvez um momento da sua vida à coisa pública, mas não a vida inteira; reciprocamente, quem a concede por inteiro tem talvez o gosto pelas coisas do espírito, mas não tem a paixão por elas. Ésquilo e Sófocles não consagraram toda a vida para salvar a pátria.[23]

Ainda:

> A palavra que os intelectuais têm hoje ininterruptamente na boca é a de que eles são os salvadores. Seja pelo desejo de restaurar a ordem ou de preparar a revolução, apresentam-se todos como salvadores do mundo. É isso o que os opõe mais profundamente ao verdadeiro intelectual, que busca pensar corretamente e encontrar a verdade, sem se preocupar com o que acontecerá sobre a face da terra.[24]

Eis uma de suas frases favoritas, sempre repetida: jamais pretendeu ser um apóstolo, mesmo quando a indignação o levou bem ao meio dos debates da época; seu objetivo foi unicamente o de destacar o que estava acontecendo, desinteressando-se das consequências. Conclui sua polêmica contra os intelectuais traidores com as seguintes palavras: "A humanidade será aquilo que puder ser; quanto a mim, procurei ver e raciocinar corretamente".[25] A habitual *boutade* polêmica a propósito dos

---

21 *La jeunesse d'un clerc*, op. cit., p.628.
22 *Un régulier dans le siècle*, op. cit., p.223.
23 *La fin de l'éternel*, op. cit., p.30
24 *Précision*, op. cit., p.19.
25 *La fin de l'éternel*, op. cit., p.203.

seus "*confrères*" (Malraux, Mauriac, Sartre, Bernanos, Aragon etc.): "Todos estes senhores pensam por qualquer coisa: pela França, pela juventude, pelo proletariado, pela cristandade, pela paz, pela humanidade ... E eu? Eu penso, pura e simplesmente".[26]

Uma última observação: clérigo em um mundo de laicos, ele está contra o seu tempo. Sabe disso e se satisfaz com isso, conformando-se na consideração da obscuridade a que foi relegado pelos contemporâneos. Considera-se o último dos espiritualistas. Todas as correntes do seu tempo estão cortadas por frêmitos de inquietação, marcadas pela angústia. Ele, ao contrário, discípulo da razão, atribui uma espécie de dignidade metafísica à vida serena. Não tem o sentido do trágico nem do mistério, mas o culto da ordem racional, dos pensamentos bem organizados em sistema, das ideias claras e distintas. Orgulha-se de ser um escritor preciso, amante das definições e das classificações, em meio a uma geração de diletantes, de curiosos e indiscretos, de perseguidores aplaudidos de obscuridades indecifráveis. Compôs com arte e cuidado o elogio do celibato e da solidão. Os anos mais intensos da sua vida foram os transcorridos, durante a Segunda Guerra Mundial, no isolamento em Carcassonne, como um "enterrado vivo". Não tem o gosto pela atualidade, que diferencia os literatos em busca de emoções e aplausos: vê no atual o efêmero e o caduco, e só se interessa por aquilo que da tradição dos séculos acaba por marcar o eterno. Seus modelos ideais são Erasmo, Espinosa. E sentencia: "O preço de uma educação racionalista é o de nos tornarmos estrangeiros a quase todo o gênero humano".[27]

9 Não nego que esse amor pelas distinções claras possa parecer ser, às vezes, um atalho para eliminar dificuldades; o rigor, uma forma de simplificação; a rigidez do juízo, uma manifestação de unilateralidade quase maníaca; que o culto da justiça absoluta possa transformar-se em crueldade ou desumana indiferença, e a intransigência em aridez de coração; que por detrás do enamorado da solidão se esconda um "amável egoísta", por detrás do clérigo não contaminado, o odioso misantropo de um dos últimos ensaios (*Le rapport d'Uriel*, 1946); que ao invés de estar fora do tempo, como ele pretendia, esteja apenas fora do seu tempo. Também não aceito o dualismo intransigente entre absoluto e relativo,

---

26 *Les cahiers d'um clerc*, op. cit., p.245.
27 *La jeunesse d'un clerc*, op. cit., p.447.

OS INTELECTUAIS E O PODER

entre infinito e finito, senão como uma justificação racional de uma visão pessimista da história (da qual, por outro lado, compartilho). Dou-me conta do que há de desconcertante e paradoxal na figura daquele solitário que ama a sociedade mundana, do democrata que não estima os homens, do flagelador dos decadentes que assume poses literárias de esteta refinado, do sacerdote do eterno que descreve não sem vaidade os seus gostos burgueses, do depreciador do Eu que passa parte da vida a se contemplar (e a se elogiar). Não obstante isso, não posso esconder a minha simpatia intelectual pelo autor de *Trahison* e tudo o que lhe devo. Penso que é uma figura digna de consideração, mais digna de consideração do que muitos de seus críticos e talvez mesmo de alguns grandes nomes que ele combateu. Creio sobretudo que é um escritor salutar, mais pela aspereza dos juízos do que pela severidade da disciplina. E merece ser lido.

Após muitas voltas (viciosas), após as rápidas metamorfoses, as crises imprevisíveis e inesperadas, retorna-se prazerosamente ao ponto de partida, isto é, às firmes bases da tradição. Benda, ao custo de parecer anacrônico, permaneceu sólido, agarrado tenazmente à grande tradição do racionalismo, embora de um racionalismo um pouco enregelado; não se deixou levar pelas ondas e pelo aluvião irracionalista que invadiu pouco a pouco todas as terras descobertas da cultura europeia, da filosofia à arte, da estética à teoria da política. Fica cada vez mais claro que este primeiro meio século será marcado, na história da cultura, pelo triunfo do irracionalismo. E a sua resistência à morte pode ser constatada todos os dias à nossa volta. Diante dos detratores da ciência, Benda, apesar do abandono da fé cientificista, defendeu o método científico e contribuiu, assim, para preservá-lo e transmiti-lo. Diante dos iconoclastas por posição ou por vaidade, deu o exemplo de um amor incondicional pelos clássicos. Diante dos adoradores do novo, manteve firme o antigo. Contra a indisciplina que se fazia passar por genialidade inventiva, fez o elogio da disciplina, da ordem, do sistema. Contra os adoradores do diverso, afirmou o idêntico, buscando na história do homem não o que é mutável, mas o que é sempre igual a si mesmo. Contra a decadência romântica, reafirmou a supremacia da razão. Ao longo da vida, despejou páginas e páginas de crítica, ora venenosa, ora cáustica, sobre os diletantes, sobre os confusionistas, sobre os frívolos, sobre os sensitivos, sobre as almas vibrantes que se perturbam diante de um raciocínio bem tramado, sobre todos aqueles que passam a vida com palpitações provocadas pelo tormento da inquietação. Agrada-me, entre outras coisas, ouvi-lo contar que passava horas, dias, antes de escrever uma página, e depois de tê-la escrito a revia cinco ou seis vezes antes de enviá-la para impressão.

Sobretudo no campo moral, Benda foi um dos mais intrépidos perseguidores, onde quer que se escondesse, da sede de conquista, de toda forma de imperialismo material e espiritual. E essa não é a última razão que o torna prazeroso para mim. Que não tenha agradado a muitos (sua morte passou quase despercebida), é coisa, como ele mesmo reconhecia, efetivamente natural.

> O racionalismo priva de energia tudo aquilo que os homens mais amam: o sonho, a fantasia, o vago, a fé, a afirmação gratuita. Acrescentemos que isso é essencialmente inumano: o racionalista persegue o seu raciocínio, não se importando em saber se ofende os interesses da família, da amizade, do amor, do Estado, da sociedade, da humanidade. Na realidade, o racionalista é um monstro. A humanidade se afirma nas suas religiões mais vitais atirando-lhe na cara o seu ódio. [28]

---

28 *Mémoires d'infra-tombe*. Paris, Julliard, 1952, p.28-9.

CONSIDERAÇÕES SOBRE OS MANIFESTOS DOS HOMENS DE CULTURA DIRIGIDOS ÀS AUTORIDADES POLÍTICAS

1 Lê-se de vez em quando em algum jornal – geralmente de esquerda – que um grupo de intelectuais assinou um manifesto [*appello*][1] tomando posição diante deste ou daquele acontecimento político. Efetivamente, nesses últimos 20 anos, a assinatura de um manifesto foi com frequência uma das formas pelas quais muitos de nós assumiram e expressaram publicamente o próprio engajamento político. Não sei se em outras épocas históricas os intelectuais assinaram tantos manifestos como nesses últimos 20 anos. O manifesto acabou por se tornar, ironicamente, aos olhos de muitos, a forma típica do protesto dos intelectuais, do mesmo modo que a greve é a forma típica do protesto operário.

Não me parece que tal fenômeno tenha sido objeto de análise histórica e de avaliação política e moral, como mereceria. Se estiver equivocado, apreciaria muito ser corrigido. De qualquer forma, não pretendo, com essa minha breve comunicação, preencher uma tão grande

---

1 Embora o termo italiano *"appello"* tenha tradução literal em português (apelo, apelação, chamamento, recurso), optamos por traduzi-lo, nesse texto, por *"manifesto"*, que respeita o uso corrente da expressão no Brasil e reflete com maior precisão o objeto da discussão de Bobbio. De resto, o próprio Bobbio emprega os dois termos indistintamente em outras ocasiões. Ver, por exemplo, "Intelectuais e poder", no presente volume. (N. T.)

lacuna. Desejo apenas fazer algumas considerações gerais e iniciais para suscitar um debate franco.

O tema é de interesse comum, pois cada um de nós é procurado, quase todo dia, por este ou aquele comitê para autorizar o aparecimento público de sua assinatura em um manifesto, e encontra-se quase sempre cercado por sentimentos contrastantes. De um lado, o temor de que a abstenção possa ser interpretada como desinteresse, como uma cômoda evasão, como amor pelo quieto viver, ou pior, como traição aos ideais supremos nos quais um homem de cultura deveria inspirar a própria obra; de outro, uma certa sensação de desconforto derivada ora da impressão de ter cedido, assinando, a uma pressão externa ou, seja como for, a uma interpretação forçada dos fatos, ora da convicção de que, diante da gravidade de uma dada situação, a tomada de posição na forma de uma declaração que poucos lerão é perfeitamente inútil, ou pior, pode servir a objetivos práticos diversos daqueles proclamados.

Para um debate franco sobre o tema, parece não existir sede mais adequada do que a assembleia de uma associação, como a nossa, que fez do problema do engajamento político dos intelectuais como tais o problema de fundo das suas discussões, a razão mesma de sua existência.

2 Para introduzir o discurso, gostaria de começar com uma descrição das várias formas que podem assumir tais manifestos. Com respeito aos signatários, existem manifestos que se prendem sobretudo à qualidade – poucas assinaturas mas muitos nomes notáveis –, outros, à quantidade, pouco importando se entre os signatários apareçam nomes de ilustres desconhecidos, de semi-intelectuais, cuja notoriedade deriva apenas da constante participação nesta coletânea de assinaturas. Em geral, prevale-cem os segundos: mesmo entre aqueles que deveriam se sustentar sobre as virtudes do espírito puro, o número é potência, quando se trata de política. Com respeito aos destinatários, alguns manifestos são genéricos, endereçando-se não a esta ou àquela pessoa, mas à opinião pública em geral; outros, e são estes os mais frequentes, estão endereçados a órgãos governamentais, ora ao chefe do Estado, ora a este ou àquele ministro, ora ao Parlamento, conforme a natureza da petição. Com respeito ao âmbito, são ora nacionais, ora internacionais, ou são internacionais com articulações nacionais: frequentemente os eventos que provocam o nascimento de um manifesto referem-se aos grandes temas da convivência humana, são problemas que não têm fronteiras. A comunidade dos

intelectuais, que é por excelência uma comunidade fora das pátrias, uma comunidade cosmopolita, parece particularmente adequada para intervir no debate sobre esses grandes temas.

Quais são esses temas? Creio que são substancialmente dois: a *opressão* – entendendo com essa expressão todas as violações dos direitos do homem, à defesa de alguns dos quais (liberdade pessoal, liberdade de pensamento, de imprensa, de religião) os homens de cultura são particularmente sensíveis; e a *guerra* – entendendo-a na acepção mais ampla, para compreender assim as guerras insurrecionais, revolucionárias, civis, de libertação etc. Tanto um como outro tema podem se resolver no único grande problema da *violência na história*, diante do qual o intelectual se ergue como portador das exigências da razão, da verdade, da liberdade, da tolerância, da compreensão, do amor, da piedade. Algumas vezes a ocasião é específica: diz respeito à sorte desta ou daquela pessoa particular; outras vezes a ocasião é genérica, diz respeito a uma categoria de pessoas, a um movimento, a uma seita religiosa, ou mesmo a uma comunidade política inteira. Enfim, quanto ao objetivo, existem manifestos que assumem a forma de pedidos de informação mais ou menos peremptórios, outros que exigem intervenções ou providências, outros ainda que assumem as diversas tonalidades cada vez mais intensas da denúncia, da deploração, do protesto, da ameaça de represália.

3 Esta sumária descrição pode servir para enfrentar o problema que mais nos interessa: uma avaliação abrangente do fenômeno. Tratando-se de atos conscientes do homem, o melhor critério de avaliação é o que, considerando tais atos como meios voltados para um objetivo, os julga do ponto de vista da sua maior ou menor adequação ao objetivo proposto. Seria possível também pôr o problema nos seguintes termos: a decisão do intelectual de assinar um manifesto é uma escolha racional? E por quais razões e em quais limites é ou não é racional?

A resposta a estas perguntas é mais difícil do que à primeira vista pode parecer, pois os objetivos de um manifesto são múltiplos. Parece-me ser possível distinguir ao menos quatro faces da questão, segundo se considere o valor do manifesto com respeito à pessoa que a ele adere, com respeito à vítima ou às vítimas para cuja defesa ele se dirige, com respeito à opinião pública que se deseja informar, com respeito à autoridade política sobre cuja conduta acredita-se ser possível influir.

Com respeito à pessoa que decide aderir, os motivos da decisão não são sempre os mais nobres. Nos casos mais graves, cede-se a uma extorsão moral: "se você não assina é um desprezível", ou, de forma mais branda, "um reacionário". Em uma afirmação desse gênero, fica subentendida a identificação de "reacionário" com "ser desprezível" ou mais simplesmente com uma pessoa que se põe por si mesma fora da comunidade dos homens de cultura. Se a atitude é tomada em seguida à pressão social do grupo de que se faz parte ou em cuja aprovação estamos particularmente interessados, é uma atitude de conformismo, não de livre escolha, e não tem mais nenhum valor moral. Quando não se cede à extorsão moral, cede-se à tentação de salvar a própria alma e, portanto, de se criar um álibi diante de si mesmo e diante das vítimas da prepotência com o mínimo de sacrifício. Uma assinatura, em geral, não custa nada, e na esmagadora maioria dos casos não põe o autor em sério perigo. Claro, o valor do manifesto é bem diverso se aqueles que o propõem e o aceitam vão, com muita probabilidade, encontrar severas sanções (sobretudo se estão conscientes delas, pois pode acontecer que as sanções ocorram sem que tenham sido previstas, o que pode fazer nascer a suspeita de que, se tivessem sido previstas, a assinatura não teria sido autorizada). Mas, geralmente, os manifestos são, em termos jurídicos, inocentes: de fato, eles são adotados em regimes nos quais a oposição ao governo é, dentro de certos limites, um direito do cidadão (e os redatores do manifesto procuram evitar ultrapassar tais limites). Muitas vezes, portanto, a assinatura é um ato, se não moralmente inconsistente, pelo menos moralmente pouco meritório. Para que a ele possa ser atribuído um valor moral, deveriam verificar-se ao menos essas três condições: 1. deveria ser efetivado de modo totalmente desinteressado; 2. com a convicção de que inexistem atualmente outras possibilidades para alcançar o mesmo resultado; 3. a efetivação do ato deveria expor aquele que o efetiva a um risco quase certo. Essas três condições verificam-se, em conjunto, muito raramente.

Com respeito às vítimas, o manifesto assume claramente o aspecto de uma manifestação ou prova de solidariedade. Nesse sentido, tem um valor positivo, desde que a vítima venha a conhecê-lo, e nos limites em que uma manifestação de solidariedade constitua um real benefício para aquele que sofre e não, ao contrário, uma libertação do sentimento de culpa para aquele que assiste impotente ao sofrimento alheio. Mas o valor positivo da solidariedade é com bastante frequência comprometido pela

OS INTELECTUAIS E O PODER

ineficácia do ato, que se manifesta na evidente desproporção entre o meio empregado e o fim a ser alcançado, donde o manifesto termina por parecer ser não mais que uma declaração de boas intenções. Em alguns casos, uma demonstração de solidariedade pública aos perseguidos da parte de pessoas particularmente antipáticas aos perseguidores pode ser mais prejudicial que vantajosa: um abraço mortal. O que é uma nova prova da complexidade dos problemas de consciência que a adesão a um manifesto provoca: nesses casos, abrir-se-ia um conflito entre o dever de testemunhar e o dever de não aguçar com o próprio testemunho o sofrimento de uma vítima inocente. Tal conflito torna-se ainda mais grave em decorrência do temor de que a produção de possíveis consequências danosas por parte do nosso testemunho possa ser considerada como pretexto para escapar do próprio dever (o princípio do dever pelo dever exige o sacrifício não só dos próprios interesses mas também do interesse alheio).

Na medida em que é endereçado direta ou indiretamente à opinião pública, o manifesto pode assumir as formas de uma advertência, de uma repreensão, de um convite a não se deixar enganar, de um convite a vigiar, de uma exortação e, nas formas mais graves, de um incitamento. Nessa tarefa mostra-se, melhor que em qualquer outra, a pretensa função esclarecedora do intelectual. Além do dever de coerência diante de si mesmo, além do dever de ajudar àqueles que sofrem sem culpa em decorrência da crueldade de outros, o intelectual tem o dever de iluminar a opinião pública a respeito dos perigos que ameaçam a conservação de alguns bens supremos, aos quais a sociedade civil não pode renunciar. O intelectual como protetor dos valores superiores. Em termos de princípio, este aspecto do problema não suscita sérias objeções; mas, em termos concretos, as coisas se passam de modo bem diverso. Para realizar tal tarefa, o manifesto deveria ser difundido através de jornais de grande circulação e tiragem. Sabemos bem que isso normalmente não ocorre. Com muita frequência o manifesto é publicado em revistas cujos leitores são formados em grande parte por potenciais signatários, donde se constitui um verdadeiro círculo vicioso; ou então é publicado por jornais cujo posicionamento político confere ao manifesto uma certa coloração que provoca uma desconfiança preventiva contra as coisas ditas e as pessoas que as dizem.

4 O problema mais interessante é o que diz respeito à face do manifesto dirigida às autoridades políticas. Mais interessante porque:

1. precisamente por ser dirigido a uma autoridade política, o manifesto exprime de forma típica um dos modos em que se manifesta, na sociedade atual, a difícil e complexa relação entre política e cultura; 2. um juízo positivo ou negativo sobre o valor dessas iniciativas pode ser alcançado em termos definitivos, sobretudo quando se considera esse aspecto do problema. Seria inteiramente descabido dirigir um manifesto a uma autoridade política se não se partisse da convicção de que, entre os objetivos do manifesto, está presente também o de influir de algum modo sobre o comportamento daquela autoridade. Mas se trata exatamente de saber se esse objetivo será alcançado. Não me nego a reconhecer que diante desta questão as dúvidas são bem graves.

Em geral, a influência que A consegue exercer sobre B pode depender de três motivos: 1. o prestígio intelectual ou moral de A; 2. a validade dos argumentos empregados; 3. a probabilidade de que B acabe por sofrer alguma consequência desagradável por não ter seguido as diretivas de A. Examinemos separadamente esses três pontos.

Não há dúvida de que, na relação entre homens de cultura e homens políticos instaurada pelo manifesto, o prestígio intelectual e moral dos primeiros é considerado como uma condição primária para o alcance do objetivo. A ideia mesma de um manifesto de intelectuais às autoridades políticas parte do pressuposto de que aquilo que os intelectuais pensam e dizem tem um valor exemplar e, como tal, diretivo. Os intelectuais como guias morais da nação, ou mesmo da humanidade. Deve-se reconhecer francamente que esse pressuposto nem sempre é compartilhado por aqueles que estão na outra parte, por razões ou pretextos sobre os quais valeria a pena refletir. Indico dois deles, que considero principais: a) a carência de informação precisa sobre o fato ou os fatos contestados. A exatidão das notícias sobre as quais se apoia o protesto deve ser absolutamente irrefutável: frequentemente não o é. O prestígio do interrogante diminui bastante quando se suspeita que ele foi mal informado ou aceitou passivamente as notícias transmitidas por quem era parte interessada, sem se preocupar em comprovar criticamente as fontes ou as razões da outra parte; b) a suspeita de ausência de imparcialidade. Este é um ponto decisivo. O intelectual que assina um manifesto assume a qualidade e a função de um juiz, que decreta o que é justo e o que é injusto. A imparcialidade é a suprema virtude do juiz. Com bastante frequência os manifestos foram acusados de ser endereçados contra apenas uma das partes, o que os levou a ser considerados não documentos de uma autônoma política da cultura, mas documentos de uma submissão da cultura à política ordinária.

Para explicar essa redução de prestígio do protesto também podem ser acrescentados motivos menores: 1. contam-se habitualmente os que assinaram, mas não se contam os que teriam podido assinar e não o fizeram. Os segundos são sempre mais numerosos do que os primeiros; 2. ao menos na Itália, não sei se também em outros lugares, os signatários são sempre as mesmas pessoas, o que dá ao protesto o caráter de ser a expressão de um círculo fechado; 3. os manifestos se repetem, usando a mesma linguagem e reunindo as mesmas pessoas, com frequência excessiva e em ocasiões muitas vezes fúteis: o abuso de um poder retira sua eficácia.

O ponto mais delicado é o segundo: a validade dos argumentos adotados. Sabe-se que em um discurso persuasivo os argumentos devem ser elaborados de modo a dar conta das exigências do auditório. Essa condição pode ser facilmente alcançada quando aquele que fala e aquele que ouve podem apelar para valores comuns, ou quando aquele que fala tem tanta flexibilidade que consegue incorporar, em sua argumentação, os valores de quem o escuta. O que habitualmente falta nos discursos que os homens de cultura dirigem aos homens políticos é precisamente esta comunhão de valores ou a aceitação dos valores alheios. Seria possível dizer, no limite, que o homem político tem razões que o homem de cultura não conhece ou não reconhece. Em uma situação de desordem, como aquela, por exemplo, que prenuncia ou acompanha uma guerra civil, o homem de cultura apela ao direito natural, ao passo que o homem político conhece apenas o direito positivo; um põe uma questão de legitimidade e, o outro, uma questão de mera legalidade; um se deixa guiar unicamente pela razão, o outro, pela razão de Estado. Em uma situação ordenada, geralmente as partes se invertem: o homem de cultura protesta em nome da legalidade violada, mas o homem político responde remetendo-se à legitimidade do próprio poder, que lhe consente em casos extremos de aplicar remédios extremos para salvar o Estado: *salus rei publicae suprema lex*. Não obstante a diversidade das situações, um conflito de valores existe sempre: trate-se do conflito entre o valor da liberdade dos indivíduos e dos grupos e o valor da ordem pública, ou então entre o valor da legalidade e o valor do bem comum, ou ainda entre o valor da igualdade absoluta pela qual todos os homens, pertencendo à mesma categoria, devem ser tratados de modo igual, e o valor da igualdade *secundum quid*, com base na qual são recortadas diversas categorias de pessoas e cada pessoa deve ser tratada diversamente conforme a diversa categoria a que pertence. Os valores últimos são antinômicos: os valores últimos do indivíduo singular não coincidem com os valores últimos do Estado. Quem não considera esse contraste está condenado a não compreender por que o diálogo entre homens de cultura e homens políticos é tão difícil, e por que na maioria das vezes – fico tentado a dizer sempre – o protesto dos intelectuais está destinado a restar letra morta. No limite, seria possível falar de um choque entre duas morais diversas: adotando a célebre definição de Max Weber, entre a ética da convicção, segundo a qual o que importa é agir conforme o dever sem maior consideração para com as consequências, e a ética da responsabilidade, segundo a qual toda ação deve ter em conta as consequências. Como observa Weber, a ética da responsabilidade é própria do político realista. Mas o intelectual segue geralmente a ética da convicção.

O último ponto diz respeito às consequências: a influência pela ameaça. Sob esse aspecto, a ineficácia dos manifestos é quase total. Que danos pode esperar o Estado da inobservância das prescrições ou das sugestões contidas no protesto? Uma das maiores fontes de debilidade dos manifestos é que habitualmente o protesto não é acompanhado de uma ameaça de sanção, como poderia ser, por exemplo, a desobediência civil. Mas há uma razão de debilidade ainda maior: que a sanção ameaçada, seja ela qual for, dificilmente poderia ser posta em execução, e mesmo que executada não produziria no Estado um dano tão relevante a ponto de constituir uma pressão irresistível. Contra o Estado, que é a encarnação da potência, somente podem ser empregadas duas linguagens: a da pura potência ou a da pura impotência (o profeta desarmado). A única linguagem inadequada é a da potência impotente, ou seja, a do profeta que acredita estar armado e não está.

5 Das observações feitas até aqui, não gostaria que se extraísse uma conclusão negativa com respeito ao engajamento político dos intelectuais como tais. É, precisamente, o contrário. Meu discurso não é negativo, mas crítico. É um convite não à renúncia, mas à decisão com base na razão. Acredito firmemente em uma política da cultura, isto é, em uma política dos intelectuais como tais, distinta da política ordinária. Mas não creio que ela seja uma política fácil, a ser praticada todos os dias, em todas as ocasiões, sem uma consciência amadurecida do plano diverso

OS INTELECTUAIS E O PODER

em que os fins da cultura se põem com respeito aos fins da política. Frequentemente os manifestos são atos de política ordinária, e como atos de política ordinária têm o grande defeito de não levar em conta o desequilíbrio das forças. São atos de política ordinária, eis tudo, equivocada.

Creio que as condições indispensáveis para uma ação coletiva dos homens de cultura são, na presente situação, as seguintes: 1. uma participação sempre mais ampla (não restrita a este ou àquele grupo), universal com respeito ao espaço e absolutamente neutra com respeito à diferença de partidos, de ideologias, de filosofias, de concepções do mundo; 2. a imparcialidade do juízo, o que apenas é possível aos que se põem acima das partes em conflito, no caso específico dos Estados, em uma visão unitária e global do processo histórico em curso; 3. a escolha das ocasiões em que a intervenção é oportuna, o que significa a escolha do tema ou dos temas de fundo a partir dos quais pode-se conduzir sem dispersão a ação coletiva: ontem era a superação da guerra fria e a coexistência pacífica; hoje é o problema da guerra *tout court* e a organização de uma paz duradoura; 4. a renúncia à vantagem das consequências imediatas, o que significa que a política da cultura é, como política antecipadora, uma política de longo prazo; 5. a consciência da autonomia da política da cultura enquanto portadora de um plano de validade próprio, que é o plano da pesquisa de novos modelos de relações humanas, da descoberta de novas dimensões da vida social, da criação de novos valores; 6. a convicção de que em nossa época, pela rapidez e pela intensidade das comunicações, pela integração das várias civilizações e pela tendência à unificação do saber e à reunião das várias crenças, a política da cultura talvez tenha se tornado pela primeira vez possível e, portanto, obrigatória. É sempre verdade não só que "você pode aquilo que deve", mas também que "você deve aquilo que pode".

INTELECTUAIS E PODER

Ao enfrentar mais uma vez o tema dos intelectuais, e de modo particular o tema da relação entre intelectuais e política, sinto-me como a criança que, despejando um copinho d'água no mar, acreditava estar aumentando o seu nível. Diante do oceano de escritos sobre o tema, esse meu texto é um copinho. Ao começar a redigi-lo, após ter construído para meu uso e consumo um esquema dos temas e argumentos a serem desenvolvidos, pus-me a pensar que o título mais adequado seria aquele que o amigo Giacomo Noventa havia ironicamente dado a uma sua coletânea de textos: *Niente di nuovo*. De resto, creio que o objetivo de uma intervenção introdutória é o de ordenar o material: às vezes pode acontecer que, pondo em ordem as fichas, consiga-se eliminar alguma duplicata inútil e descartar algum pedaço de papel que se havia enfiado no fichário incidentalmente. Lembrem-se da história daquele douto que havia estudado durante toda a vida e sabia todas as respostas possíveis, mas estava desesperado porque ninguém lhe fazia perguntas. Não tenho nenhuma resposta a dar, mas faço votos de que, após ter me escutado, alguém se ponha perguntas.

Uma das razões pelas quais os escritos sobre os intelectuais, sobre sua função, seu nascimento e seu destino, sobre sua vida, morte e milagres, são tão numerosos, que apenas conseguiriam ser inteiramente catalogados pela memória de um potente computador, é que uma das funções principais dos intelectuais, se não a principal, é a de escrever. É natural que os intelectuais escrevam sobre si mesmos. Se eles não se ocupassem de si mesmos, quem o faria? E se outro escrevesse sobre eles não se tornaria, pelo único fato de estar escrevendo, um intelectual? Torna-se um intelectual até mesmo aquele que se põe a escrever sobre os intelectuais apenas para dizer todo o mal possível a respeito deles, mesmo no caso em que escreva – caso hoje bastante frequente – que os intelectuais não existem, que são uma invenção dos outros etc. É um destino do qual não se escapa, tão logo surge o problema de saber o que são os intelectuais. Quem se põe tal problema torna-se, pelo único fato de tê-lo posto, um intelectual, isto é, alguém que não faz coisas, mas reflete sobre as coisas, que não maneja objetos, mas símbolos, alguém cujos instrumentos de trabalho não são máquinas, mas ideias.

Precisamente porque é enorme a massa das palavras escritas ou ditas sobre os intelectuais, considero que a primeira coisa a ser feita é a delimitação do campo da discussão, o estabelecimento de quem e sobre o que queremos discutir e de que modo. Entre outras coisas, essa delimitação de campo é útil para evitar as deploráveis confusões de planos de discurso tão frequentes entre aqueles que falam desse assunto, decorrentes sempre do fato de que os falantes não se entendem a respeito de quem estão falando, sobre o que estão falando e sobre o modo de falar a respeito.

Começo pelo modo. Existem vários modos de enfrentar o problema dos intelectuais. Os dois discursos mais frequentes são o sociológico e o histórico. A maior parte dos escritos publicados nestes últimos anos tratam dos intelectuais como classe ou como grupo e da relação da classe dos intelectuais com as outras classes, ou analisam a história desta classe ou grupo em um certo período ou em um certo país. As célebres análises de Gramsci, a partir das quais foi estimulado na Itália, e não só na Itália, o debate sobre o tema, são análises em parte sociológicas (a distinção entre intelectuais orgânicos e intelectuais tradicionais pertence a esse tipo de discurso), em parte históricas (pense-se nos vários fragmentos dedicados à história dos intelectuais italianos e nos esboços de observações sobre os intelectuais nos vários países). Quando se diz que a reflexão sobre os intelectuais é recente, diz-se algo só em parte verdadeiro. Da *República* de Platão em diante, os filósofos ocuparam-se sempre do que fazem ou devem fazer os filósofos, isto é, eles próprios, na sociedade. O que é recente, e remonta precisamente ao tempo em que Gramsci escrevia as suas notas no cárcere, é a análise sociológica do estrato dos intelectuais: basta pensar em Mannheim e em todo o debate sobre os intelectuais como classe dependente ou independente que a ele se seguiu, e que está longe de se ter esgotado.

Cultura e política

Aqui cai a primeira delimitação. Nosso debate não diz respeito nem à sociologia nem à história dos intelectuais, embora pressuponha uma e outra. O discurso que pretendemos fazer é um discurso – não devemos temer as palavras – de ética ou, se preferirem, de política dos intelectuais. Não é um discurso analítico. É um discurso propositivo, normativo, prescritivo. É um discurso não sobre o que os intelectuais são e fazem, mas sobre o que deveriam ser ou fazer. Esta distinção de níveis de discurso é, em meu modo de ver, preliminar, pois, com respeito aos vários modos em que se pode falar deste problema em geral, a maior confusão deriva principalmente da superposição, quase sempre inconsciente, entre um discurso sobre o que os intelectuais são e fazem em uma determinada sociedade e um discurso sobre aquilo que deveriam ser ou fazer: inconsciente mas nem por isso menos cansativa, e tanto mais grave na medida em que são precisamente os intelectuais que fazem o trabalho, muitas vezes remunerado, de pensar, e deveriam estar conscientes das confusões que os envolvem e em que eles envolvem seus ouvintes. Digo isto porque a maior parte dos discursos sobre os intelectuais que lemos dia após dia nos jornais e revistas são discursos prescritivos, que exprimem os desejos ou as esperanças de quem os faz, mas são habitualmente apresentados como discursos analíticos, como discursos sobre o que os intelectuais efetivamente fazem, e portanto são equivocados de cima a baixo. Para dar um exemplo, quando alguém diz que o intelectual não existe mais, não sabemos nunca se ele acredita de verdade que esteja mesmo morto ou se, ao contrário, como é mais provável, exprime unicamente o seu desejo de que o intelectual deixe de existir. Ou então, se alguém diz que todos os intelectuais tornaram-se servos do poder, não sabemos se ele faz tal afirmação com base em pesquisas realizadas sobre as condições de seus confrades em uma determinada sociedade, ou unicamente porque quer exprimir o irrefreável desejo de falar mal de toda a categoria e de propor o ideal do intelectual livre, rebelde, criativo etc.

Mesmo nesse caso devemos delimitar bem o nível de discurso a ser feito: o discurso no qual somos levados a dizer a nossa opinião é certamente prescritivo. Nosso problema não é o de saber se os intelectuais são rebeldes ou conformistas, livres ou servis, independentes ou dependentes, mas de trocarmos algumas ideias sobre o que os intelectuais que se reconhecem em uma determinada parte política fariam ou deveriam fazer. Bem entendido: ninguém pensa em fazer um discurso programático sem conhecer a realidade dos fatos. Seria um programa insensato. Mas este conhecimento deve ser mesmo um conhecimento e não uma coleção de juízos sumários, quase sempre fundados sobre falsas generalizações do tipo "os intelectuais são...", "os intelectuais dizem...". As falsas generalizações são armas polêmicas, não são instrumentos de conhecimento, pois são o efeito de juízos de valor introduzidos de contrabando. É evidente que quem afirma que todos os intelectuais são servos do poder quer simplesmente exprimir seu desprezo pelos intelectuais: quando Sorel os definia como a camada parasitária da sociedade burguesa, camuflava um juízo de valor por um juízo de fato; prova disso é que naqueles mesmos anos Lenin, seguindo as pegadas de Kautsky, propunha a tese dos intelectuais como necessários para a formação do partido revolucionário. Como juízo de fato, a opinião de Sorel sobre os intelectuais era unilateral, senão equivocada.

Após a delimitação com respeito ao modo de conduzir o discurso, a segunda delimitação refere-se à matéria do discurso. Disse que na grande torta da teoria dos intelectuais a nossa fatia é a da política dos intelectuais, ou a dos intelectuais na política, aquela que é provada e depois comida e digerida sob o nome de "política e cultura" (da qual eu pessoalmente, para continuar a metáfora, já estou saturado). É uma fatia tão grossa que frequentemente acaba por ser confundida com o todo. Limito-me aqui a acenar para o motivo que faz esse tema ser enorme, apesar de ser, no âmbito do discurso geral sobre os intelectuais, um tema específico. Observando-se bem, ele nada mais é do que um aspecto do tema mais vasto da relação entre teoria e práxis ou, nos termos do materialismo histórico, entre estrutura e superestrutura, ou mais em geral e em forma mais genérica, entre o mundo das ideias e o mundo das ações. E precisamente porque é um aspecto de um tema muito mais vasto, também é, além de imenso, bastante difícil. Tenho a impressão de que nem todos aqueles que falam do problema dos intelectuais e da sua função na sociedade se dão bem conta dessa dificuldade. Falam dele como se fosse pacífico que as ideias, que são as "coisas" de que se ocupam os intelectuais, contam e interferem na realidade, independentemente de quem as produz, a favor de quem ou contra quem são dirigidas, em quais circunstâncias apareceram, sem portanto que se responda antes à questão de saber que influência as ideias exercem sobre as ações, se essa influência existe, e em que medida. Compreende-se muito bem, por exemplo, que o problema crucial da responsabilidade dos intelectuais, sobre o qual já foram gastas tantas palavras vagas e apaixonadas, pode ter diversas soluções, ou mesmo nenhuma solução, segundo a ideia que fazemos a respeito do modo como aquilo que se pensa e se diz influi sobre o que se faz. Porém, precisamente porque nem todos se dão conta desta dificuldade, muitas discussões sobre o papel e sobre a responsabilidade dos intelectuais são conversas ao vento, são a manifestação (que também deve ser analisada com método) do prazer, ou talvez mais da vontade, que os intelectuais têm de falar de si próprios.

Ideólogos e expertos

A terceira delimitação diz respeito aos sujeitos mesmos do nosso discurso: aos intelectuais. É inútil dizer que muitas incompreensões entre os que falam desse assunto dependem da maior ou menor extensão que é dada ao conceito. Forneço algumas definições que foram dadas sobre isso. Todas as definições são convencionais, isto é, dependem do uso que o interlocutor ou o escritor pretende fazer com o conceito. Vai-se de uma acepção ampla, que compreende na definição todos os que desenvolvem um trabalho intelectual distinto do trabalho manual, a uma acepção restrita, que compreende apenas os grandes intelectuais, os assim chamados "*maîtres penseurs*". Ambas as acepções são pouco úteis ao discurso sobre intelectuais e política. É preciso ater-se a uma acepção intermediária (mas isso também é uma convenção). Felizmente, a delimitação do conceito nos é de algum modo imposta pela delimitação do tema. Não há dúvida de que, em uma acepção razoavelmente vasta de intelectuais, entram os artistas, os poetas, os romancistas. Porém, no momento mesmo em que se põe o problema da relação entre política e cultura, e a mente corre para as discussões feitas sobre esse tema – referidas ao engajamento ou ao não engajamento, à traição ou à não traição, em suma, à tarefa dos intelectuais na vida civil e política –, o campo torna-se necessariamente mais restrito. Ou, pelo menos, nem todos os que podem ser chamados de intelectuais em uma acepção genérica e comum constituem uma categoria relevante para o nosso discurso.

Para evitar digressões inúteis e indicar com a maior aproximação possível o objeto de meu discurso, digo logo que em um debate que tenha por tema fundamental a relação entre política e cultura, os tipos relevantes de intelectuais são sobretudo dois: que denomino, para que possamos nos entender, *ideólogos* e *expertos*. Creio que essa distinção deve ser levada a sério, independentemente do fato de que uma mesma pessoa possa ser tanto um ideólogo como um experto; a distinção pretende ser objetiva e não subjetiva, pois uns e outros desenvolvem, com respeito à dimensão política – que é a que aqui nos interessa – uma função diversa. Não preciso acrescentar que essa distinção não corresponde à conhecida distinção gramsciana entre intelectuais orgânicos e tradicionais, nem à distinção corrente entre humanistas e técnicos (segundo a célebre temática das duas culturas). O critério com base no qual proponho essa distinção não é a dependência ou a independência com respeito às classes sociais em luta pelo predomínio, nem é a diversa formação ou competência, mesmo que possa existir um certo parentesco entre o ideólogo e o intelectual tradicional e entre o experto e o intelectual orgânico, e mesmo que frequentemente o ideólogo seja um humanista e o experto seja um técnico. O critério de distinção que proponho, e sobre o qual correrá o fio do meu discurso, é o único critério que considero válido em um debate que tenha por objeto a tarefa política do intelectual. De fato, aquilo que distingue um do outro é precisamente a diversa tarefa que desempenham como criadores ou transmissores de ideias ou conhecimentos politicamente relevantes, é a diversa função que eles são chamados a desempenhar no contexto político.

Acrescento que a impressão de ser genérico, suscitada com frequência por todo discurso sobre o tema, depende precisamente da ausência dessa distinção. Um dos lugares-comuns sobre o papel dos intelectuais é o que os define depreciativamente como pessoas dedicadas à criação do consenso (entenda-se: do consenso em torno dos poderosos do dia). À parte o fato de que tal definição parece esquecer, ainda uma vez por um erro de falsa generalização, que existem intelectuais que se dedicam ao consenso assim como intelectuais que se dedicam ao dissenso (função esta que não deveria ser esquecida precisamente hoje, quando nos países do consenso manipulado ou forçado os únicos dissidentes são intelectuais), vale a pena observar que os intelectuais a quem os poderosos atribuem o papel de promotores de consenso (que não se pode separar jamais do dissenso para com a parte oposta) são os ideólogos, não os

OS INTELECTUAIS E O PODER

expertos. Outro lugar-comum é o que define os intelectuais (também nesse caso negativamente) como conselheiros do príncipe. Também aqui, à parte o fato de que existem intelectuais que aconselham o príncipe e outros que aconselham o inimigo do príncipe (que poderá se tornar, o que não é dito, o príncipe futuro), deve-se observar que aqueles que desempenham esse papel são os expertos, não os ideólogos.

Não me perderei em definições. Creio ser suficiente dizer que por ideólogos entendo aqueles que fornecem princípios-guia, e, por expertos, aqueles que fornecem conhecimentos-meio. Toda ação política, como de resto qualquer outra ação social – e, aqui, por ação política podemos entender a ação do sujeito principal do agir político na sociedade de massa, que é o partido –, tem necessidade, de um lado, de ideias gerais sobre os objetivos a perseguir (que podem ser os objetivos últimos mas que geralmente são os objetivos intermediários), a que chamei acima de "princípios" e que poderiam ser chamados de "valores", "ideais" ou mesmo "concepções do mundo"; e, de outro, de conhecimentos técnicos que são absolutamente indispensáveis para resolver problemas para cuja solução não basta a intuição do político puro, mas se fazem necessários conhecimentos específicos que só podem ser fornecidos por pessoas competentes nos diversos campos singulares do saber. A necessidade de conhecimentos técnicos aumentou na sociedade moderna, especialmente a partir do momento em que o Estado passou a intervir em todas as esferas da vida, particularmente na das relações econômicas e das relações sociais: é evidente que um Estado não pode tomar providências contra a inflação sem o parecer de economistas ou realizar uma reforma sanitária sem o parecer dos médicos. Os Estados sempre tiveram os seus expertos: basta pensar nos legistas e nos militares.

Os meios e os fins

Não deve ter escapado que a distinção entre ideólogos e expertos repõe a distinção weberiana entre ações racionais segundo o valor e ações racionais segundo o fim. Os ideólogos são aqueles que elaboram os princípios com base nos quais uma ação é justificada e, portanto, aceita – em sentido forte, a ação é "legitimada" –, pelo fato de estar conforme aos valores acolhidos como guia da ação; os expertos são aqueles que, indicando os conhecimentos mais adequados para o alcance de um determinado fim, fazem que a ação que a ele se conforma possa ser chamada de racional segundo o objetivo. Uma discussão como aquela bem conhecida sobre democracia e socialismo é uma típica discussão ideológica, uma discussão que se remete aos primeiros princípios: se com base em uma discussão desse tipo um partido declara que jamais desvalorizará os princípios da democracia entendida deste ou daquele modo, apesar de não renunciar à busca de uma sociedade socialista, quer dizer que procura apresentar-se como um agente que é racional com respeito ao valor. Uma discussão, não menos acalorada e atual, como aquela sobre a oportunidade ou não de construir centrais nucleares, remete-se à maior ou menor adequação de certos meios, mais do que de outros, para o alcance de um fim preestabelecido (que está, como fim, fora de discussão): quem, levando em conta todas as informações que os experts podem oferecer, escolhe esse meio e não um outro realiza uma ação racional com respeito ao objetivo.

Como sempre, a realidade social não é uma bela esfera tão perfeita e redonda que se deixe dividir em dois hemisférios tais que aquilo que entra no primeiro não entra no segundo, e vice-versa. A distinção entre princípios, que são acolhidos independentemente das consequências imediatas, e conhecimentos técnicos, que são acolhidos apenas em vista dos resultados, não é assim tão clara a ponto de permitir uma separação igualmente clara nas discussões concretas. Geralmente, o ideólogo não está tão imerso no céu dos princípios para não se dar conta de que também precisa descer à terra para ver o que se passa: um satélite artificial que não conseguisse mais se comunicar com quem foi o responsável pelo seu lançamento giraria no vazio, seria considerado perdido. Para dizer a verdade, existe o ideólogo que jamais põe os pés na terra: é o utopista. No utopista, a separação entre fins e meios é absoluta; assim como, ao contrário, no puro técnico que põe sua própria competência a serviço dos poderosos sem se pôr o problema da legitimidade dos fins. O utopista é aquele que, ficando inteiramente preso ao fim, descuida dos meios; o puro técnico é aquele que, prendendo-se inteiramente aos meios, descuida do fim. Mas do mesmo modo que geralmente em uma disputa ideológica o discurso sobre os fins não está separado do discurso sobre os meios, em uma discussão técnica, o problema dos meios geralmente não está separado da discussão sobre os fins. No entanto, os casos-limite – do ideólogo em estado puro, o utopista, e do experto em estado puro, o técnico – existem. E são os casos-limite que nos permitem dar conta da utilidade da distinção. De resto, esses dois casos-limite são muito bem representados pela contraposição violenta a que estamos assistindo no desenvolvimento contraditório da sociedade industrial, tão contraditório e dramático que deixa entrever uma possível catástrofe final, opondo o renascimento do utopismo, que é o triunfo da ideologia em estado puro, à declaração do fim das ideologias, que é o triunfo do puro tecnicismo.

Os clérigos e os mandarins

A melhor ilustração dessas duas figuras de intelectual e dos problemas diversos que uma e outra sugerem é oferecida por dois livros fundamentais, ou que eu julgo fundamentais, na história do problema: *La trahison des clercs*, de Benda, e *Il nuovi mandarini* [*Os novos mandarins*], de Chomsky. São dois livros polêmicos: em ambos os casos, o objeto da polêmica é o comportamento de uma certa camada de intelectuais em uma determinada circunstância histórica. Mas os intelectuais traidores de que fala Benda são ideólogos (em particular, como se sabe bem, os doutrinários fanáticos que deram vida à Action Française, e que colocaram sua inteligência a serviço de paixões terrestres, como a pátria, a nação, a vontade de potência do Estado). Os intelectuais a que se refere Chomsky são expertos, em particular são cientistas e sociólogos que deram sua contribuição de competentes (ou de presumíveis como tais) ao prosseguimento e à exacerbação da guerra do Vietnã, acolhida como guerra libertadora, civilizadora ou mesmo necessária à sobrevivência do Estado. Os primeiros são sobretudo humanistas, manipuladores de ideias, os segundos são sobretudo cientistas, manipuladores de dados. (À diferença entre os dois tipos de intelectuais corresponde bastante bem a distinção entre as duas culturas – a humanista e a técnico-científica – e o diverso modo com que as duas culturas podem ser empregadas de maneira equivocada.)

Nada revela melhor a diferença entre os dois tipos de imputados do que a acusação diversa que Benda e Chomsky fazem respectivamente a uns e a outros. Os clérigos de Benda são acusados de desvalorizarem os princípios que deveriam inspirar a ação do clérigo, de terem trocado os princípios da justiça e da verdade pelo princípio da utilidade da pátria ou da facção, de terem traído sua missão na medida em que se tornaram adoradores de falsos princípios. Os expertos de Chomsky são acusados de não terem respeitado a regra fundamental do agir racional segundo o objetivo, que é a de fornecer ao homem de ação os meios adequados ao resultado: sua ciência não serviu aos nobres fins para os quais havia sido chamada, mas a fins perfeitamente opostos, de destruição e de morte (não serviu sequer ao objetivo meramente político da vitória, objetivo que poderia ser justificado do ponto de vista da razão de Estado). A diversidade da acusação depende do fato de que os ideólogos, que se defrontam com os princípios, e os expertos, que se defrontam com os conhecimentos úteis, obedecem ou deveriam obedecer a duas éticas diversas, os primeiros, à ética da convicção e, os segundos, à ética da responsabilidade. O dever dos primeiros é o de serem fiéis a certos princípios, custe o que custar; o dever dos segundos é o de propor meios adequados ao fim e, portanto, de levar em conta as consequências que podem derivar dos meios propostos. Se os primeiros falham em seu dever, são maus ideólogos, se os segundos falham, são técnicos irresponsáveis. O juízo sobre os primeiros é de caráter puramente ético (e o livro de Benda foi de fato acusado de ser de uma abstratividade gélida demais); o juízo sobre os segundos é pragmático (ou pelo menos é alcançado com base em uma ética utilitarista).

Uma das manifestações características dos intelectuais como grupo à parte são, como todos sabem, os manifestos. Levante a mão o intelectual que não assinou um manifesto justo ou injusto, de boa ou má vontade. Quem se dispusesse um dia a escrever a história dos manifestos, a começar do primeiro da série, feito por ocasião do *affaire* Dreyfus, perceberia que eles podem ser divididos em manifestos ideológicos e manifestos de expertos. "*Il Manifesto degli intellettuali antifascisti*" ["O Manifesto dos intelectuais antifascistas"], escrito por Croce (bem como, de resto, o manifesto dos intelectuais fascistas, escrito por Gentile), era um típico manifesto ideológico. Os manifestos dos físicos contra o perigo da proliferação das armas atômicas, os manifestos ecológicos lançados por grupos de cientistas que se sentem responsáveis pelas consequências destrutivas do uso eticamente incontrolado da ciência são documentos que extraem sua força do fato de serem subscritos por expertos. Se os examinarmos atentamente, poderemos perceber que os primeiros fundam sua capacidade persuasiva na reafirmação de valores (o que é próprio de uma ética da convicção), os segundos dirigem a atenção para as consequências (o que é próprio de uma ética da responsabilidade).

Traição e deserção

No entanto, era comum ao ato de acusação de Benda contra os clérigos traidores e de Chomsky contra os expertos irresponsáveis a convicção de que a esfera da cultura, na qual se movem os intelectuais, e a esfera da política são diversas, e que desempenha mal sua função o intelectual que, colocando o próprio saber a serviço dos detentores do poder, serve não à justiça mas à potência. A acusação certamente podia ser respondida. Usando outro termo da linguagem militar (esse uso de metáforas militares para representar os posicionamentos dos intelectuais diante do poder também deveria ser analisado), os acusados de traição acusam por sua vez os acusadores de deserção. A resposta mais dura ao ensaio de Benda veio de Paul Nizan, com *I cani da guardia* [*Os cães de guarda*], surgido em 1932. Nizan repreendia os puros filósofos pelo seu espiritualismo insosso, pelo seu humanitarismo falso-sublime, por aquela filosofia edulcorada que Hegel teria chamado de "mingau do coração", que veda a realidade da miséria, da exploração, da desolação, estendendo-as sobre uma nuvem de pensamentos elevados. A propósito de Benda, escrevia: "O senhor Benda não pode renunciar a uma certa hipocrisia. Mais esperto do que seus coirmãos, não nega, como eles fazem, ter-se desinteressado dos homens, mas ensina que o melhor modo de servi-los é precisamente o de 'desertá-los'".[1]

Enfatizemos esses dois termos: *traição* e *deserção*. Boa parte da controvérsia sobre a ética dos intelectuais move-se entre um e outro. Trair significa passar ao inimigo; desertar significa abandonar o amigo. Por certo, é mais grave a traição do que a deserção; mas também a deserção é uma culpa. Uma coisa é servir à parte errada (aos poderosos em vez de aos puros de coração); outra coisa é não servir à parte justa (para Nizan, os oprimidos, os deserdados, os aflitos). Isso significa que o intelectual não pode escapar de uma ou de outra dessas duas condenações: se toma partido, trai; se não toma, deserta. Mas é realmente assim? Sigamos ainda por um momento a história exemplar desses dois clérigos em polêmica entre si. Nizan, comunista fervoroso e combativo quando escreveu o

---

1 Paul Nizan, *I cani da guardia*. Apresentação de R. Rossanda. Firenze, La Nuova Italia, 1970, p.49.

libelo, abandonou furibundo o partido no momento do pacto alemão-
-soviético e foi acusado por seus ex-companheiros de ser um espião do
inimigo (no universo staliniano só havia lugar para o servo ou para o
espião, duas diferentes formas de rebaixamento do homem). Isolado e
abandonado, morreu na frente de combate aos 35 anos; antes de morrer,
escreveu palavras que poderiam ter sido escritas por Benda: "Nos tempos
que correm, não reconheço mais que uma virtude: não a coragem, nem a
vontade de martírio, nem a abnegação, nem o ofuscamento, mas apenas a
vontade de compreender. A única honra que nos resta é a do intelecto".[2]
De outra parte, Benda (que entre outras coisas foi um dos signatários do
manifesto de Sartre em favor da reabilitação de Nizan, após a Libertação),
não obstante a sua defesa do clérigo desinteressado e não contaminado,
jamais havia estado na torre de marfim, e menos ainda havia ficado
impassível diante do avanço do fascismo e do nazismo. Tomou parte dos
movimentos de intelectuais em favor da República espanhola, defendeu
sempre com força a democracia (recordo o seu livro *La democracia alla
prova* [A democracia à prova], traduzido na Itália logo depois da Guerra),
considerada a única forma política pela qual o clérigo pode tomar partido
sem abandonar a própria missão. Mas então também Benda, como
Nizan, foi incoerente? Este, após ter carimbado de infâmia a deserção,
chegou, no fim da vida, a exaltar a vontade de compreender e a tomar
a defesa da honra do intelecto. Aquele, após ter coberto de desprezo os
clérigos que tomavam partido, toma partido ele próprio, quando crê
necessário. Desertor, mas se trata de saber de qual batalha. Cão de guarda,
mas se trata de saber: fazendo a guarda de quem?

Detive-me sobre esse caso exemplar para mostrar a complexidade do
problema e para convidar aqueles que falam do "papel" dos intelectuais
a evitar as simplificações, que nascem mais do humor polêmico do que
de uma pacata reflexão. Tomar partido ou não tomar partido? A mim
parece evidente que Benda fez muitíssimo bem em tomar partido quando
defendeu a democracia contra o fascismo; assim como fez muitíssimo
bem Nizan em não tomar partido quando se deu conta de que a União
Soviética conduzia uma política de poder como todos os demais Estados.
Trata-se de uma contradição aparente: tomar partido não é uma traição
quando o lado a que me agrego é aquele que realiza melhor os princípios

---

2 Da representação de R. Rossanda, op. cit., p.XXIV.

OS INTELECTUAIS E O PODER

em que acredito; não tomar partido não é uma deserção quando nenhum dos lados os realiza. Estava coberto de razão Giaime Pintor quando tomou partido no sentido mais pleno da palavra – isto é, quando tornou-se um partidário da resistência [*partigiano*] –, ao perceber que não havia outra escolha, pois o que estava em jogo era ou o fim do nazismo ou o fim da civilização. Dizia que as revoluções acontecem quando são preparadas pelos poetas e pelos pintores, mas desde que os poetas e os pintores saibam de que lado devem estar. Mas qual é esse lado? Quem o determina? Decide o Estado, a minha igreja, a minha seita, o meu partido, ou devo decidir eu e assumir todas as responsabilidades da minha escolha, aí compreendida a responsabilidade de ser considerado um traidor ou um desertor?

A autonomia relativa da cultura

São perguntas às quais ninguém pode dar uma resposta definitiva de uma vez por todas. Repito: a resposta depende das circunstâncias e da interpretação que cada um dá a essas mesmas circunstâncias. Se eu tivesse de designar um modelo ideal de conduta, diria que a conduta do intelectual deveria ser caracterizada por uma forte vontade de participar das lutas políticas e sociais do seu tempo que não o deixe alienar-se tanto a ponto de não sentir mais aquilo que Hegel chamava de "o elevado rumor da história do mundo", mas, ao mesmo tempo, por aquela distância crítica que o impeça de se identificar completamente com uma parte até ficar ligado por inteiro a uma palavra de ordem. *Independenza ma non indifferenza* [*Independência mas não indiferença*]. O livro de Benda começa por mencionar, à guisa de apólogo, a anedota contada por Tolstoi, do oficial que vendo um outro oficial maltratar um soldado lhe diz: "Mas você não leu o Evangelho?", ao que o outro responde: "Mas você não leu o regulamento militar?". Eis aí: estar dentro do mundo para dar-se conta de que os regulamentos militares são necessários, mas não tão dentro a ponto de esquecer que não bastam os regulamentos militares. Seria pior se a humanidade fosse dirigida apenas pelos regulamentos militares. Recordar que não bastam os regulamentos militares, não é essa a tarefa dos intelectuais?

Querendo definir esse modelo ideal com uma fórmula (com todos os elementos inerentes a uma fórmula), parece-me que seria possível falar de "autonomia relativa da cultura com respeito à política". Uso essa expressão mais ou menos no mesmo sentido em que se fala hoje insistentemente de autonomia relativa da política. Hoje se fala de autonomia relativa da política com respeito à esfera das relações econômicas, para afirmar que a esfera do político não pode nem deve ser reduzida, *sic et simpliciter*, ao contrário do que pensa o marxismo vulgar, ao econômico. Falando de autonomia relativa da cultura, pretendo dizer que a cultura (no sentido mais amplo, isto é, no sentido da esfera em que se formam as ideologias e se produzem os conhecimentos) não pode nem deve ser reduzida integralmente à esfera do político. A redução de todas as esferas em que se desenrola a vida do homem em sociedade à política, ou seja, a politicização integral do homem, o desaparecimento de qualquer diferença entre o político e – como se diz hoje – o pessoal, é a quintessência do totalitarismo. Não se trata de rejeitar a política (é aquilo que chamei de não indiferença), mas se trata de não exaltá-la a ponto de cantar: "Certa ou errada é sempre a minha pátria" ou, o que dá no mesmo, "Certo ou errado é sempre o meu partido" (ou, pior ainda, a minha seita). Não vejo nenhuma diferença entre dizer "Tudo no Estado, nada fora do Estado, nada contra o Estado" e dizer "Tudo no partido, nada fora do partido, nada contra o partido", sobretudo quando um partido tornou-se o Estado.

Pode ser que esta seja a visão de um não político, como sou eu (mas não político não significa apolítico e menos ainda politófobo: o que se diz apolítico, o que se vangloria de ser politófobo, é sempre um reacionário), mas se trata de uma visão confortada pela autoridade de uma longa tradição de pensamento e pela experiência histórica. Hegel, a quem se atribui, de resto com razão, a doutrina da eticidade do Estado, punha além do espírito objetivo, que culmina no Estado, o espírito absoluto, no interior do qual se manifestam e se desenrolam os três momentos mais altos do espírito humano, a arte, a religião e a filosofia. Quanto à lição da história, uma das poucas coisas sobre as quais eu estaria disposto a pôr a mão no fogo, tão certa e continuamente verificada ela me parece, é que a política é a esfera das relações humanas em que se exerce a vontade de potência, ainda que aqueles que a exercem creiam que a sua potência, não a dos outros, seja empregada com o objetivo de produzir o bem. Está certo, mas o fato de que toda parte política considere que a potência por ela servida objetiva o bem e a do adversário objetiva o mal – pensem na proclamação dos objetivos de guerra dos diversos contendores ou na proclamação dos objetivos de luta dos revolucionários e dos contrarrevolucionários –, já seria suficiente para nos colocar de sobreaviso. Não se trata, repito, de rejeitar a política, mas se trata, se me é permitida essa expressão, de transcendê-la continuamente, apesar de reconhecer a função indispensável dela. As ideias sem força, sei disso, são fantasmas. Mas mesmo os fantasmas também têm, algumas vezes, força. "Um espectro ronda a Europa": quem se esqueceu dessa frase? E por que não recordar aquele rei bárbaro que em seu leito de morte continuava a repetir: "Existem cinquenta justos que me impedem de dormir"? A força é tão necessária que sem aquele processo de monopolização da força em que consiste o Estado, as sociedades humanas, ao menos até agora, não poderiam sobreviver. Mas o único monopólio que cabe ao Estado é o monopólio da força (é sempre melhor uma única força pública do que várias forças privadas em contraste entre si). A primeira tarefa dos intelectuais deveria ser a de impedir que o monopólio da força torne-se também o monopólio da verdade.

Trabalho intelectual e trabalho político

Em favor da autonomia relativa da cultura podem ser apresentados alguns argumentos. O primeiro diz respeito aos próprios sujeitos da atividade cultural, precisamente aos intelectuais. O que quer que se diga deles, os intelectuais constituem até agora, em nossas sociedades caracterizadas pela divisão do trabalho, um grupo com características bem definidas de pessoas que se reconhecem entre si mesmo quando se insultam, e que falam umas com as outras mesmo quando presumem ou pretendem falar com o público. Têm problemas comuns que as diferenciam: penso, por exemplo, em uma discussão recente que produziu diversos artigos (nem todos claros, para dizer a verdade) sobre o modo de escrever claro. Não excluo que o intelectual como indivíduo à parte, com suas características e com seus privilégios, esteja destinado a desaparecer, em uma sociedade em que percam força as formas mais aberrantes de divisão do trabalho e todos saibam escrever e escrever de modo claro. Mas por enquanto eles existem e falam "bastante de si" (e fazem que se fale deles, auxiliados pela loquacidade irrefreável das comunicações de massa). E não fazem mais do que se interrogarem sobre o próprio "papel", por uma série de atitudes que vão da autocomiseração à autoflagelação, da autoexaltação à autodestruição. Existem também aqueles que proclamam o suicídio do intelectual: em um momento em que devemos a um punhado de intelectuais as únicas vibrações capazes de sacudir o universo soviético, uma declaração de suicídio do intelectual, que deveria sacrificar-se no altar do deus-movimento, do deus-partido ou do deus-massa indiferenciada, é ou insensata ou sinistra. Prepara os *gulags* do futuro.

Constato um fato: em nossas sociedades, os intelectuais, como camada que tem ou se atribui um papel próprio, existem. E existem precisamente enquanto, ao menos na maioria dos casos, não se identificam *tout court* com a classe política, mesmo quando dedicam a maior parte da sua atividade ao estudo e à análise de problemas estreitamente conectados à esfera política, e mesmo quando se constata a existência de casos em que é perfeita a identificação na mesma pessoa do intelectual e do político. Que seja desejável o fim dessa separação entre intelectual e político é uma outra questão. Na história das reflexões sobre o problema da relação entre intelectuais e política não é nova a figura do filósofo-rei, à qual corresponde a figura igual e contrária do rei-filósofo (que foi própria do despotismo esclarecido). Hoje essa separação é um fato, tão mais evidente e dificilmente modificável desde quando existe e até quando existir a figura, por ora nada declinante, do político profissional, que não pode deixar de provocar a sobrevivência ao seu lado, e quase como reflexo, do intelectual profissional.

O segundo argumento em favor da autonomia relativa da cultura pode ser extraído de um confronto, também este puramente factual (desde que os fatos sejam observados com honestidade e sem preconceitos), entre o mundo das ideias e o mundo das ações políticas, em uma condição de liberdade de opinião, e portanto de consenso e de dissenso. O primeiro é muito mais variado, articulado, complexo, diferenciado, problemático, do que o segundo. A explicação para essa diferença é muito simples: a tarefa do intelectual é a de agitar ideias, levantar problemas, elaborar programas ou apenas teorias gerais; a tarefa do político é a de tomar decisões. Toda decisão implica escolha entre possibilidades diversas, e toda escolha é necessariamente uma limitação, é ao mesmo tempo uma afirmação e uma negação. A tarefa do criador (ou manipulador) de ideias é a de persuadir ou dissuadir, de encorajar ou desencorajar, de exprimir juízos, de dar conselhos, de fazer propostas, de induzir as

OS INTELECTUAIS E O PODER

pessoas às quais se dirige a adquirirem uma opinião sobre as coisas. O político tem a tarefa de extrair desse universo de estímulos diversos, às vezes opostos e contraditórios, uma linha de ação. A prática tem suas razões que a teoria pode não conhecer. Mesmo a teoria mais perfeita, completa e coerente, para se transformar em uma decisão, deve ser adaptada às circunstâncias. Não falemos das ideias multiformes, proteiformes, disformes entre si, que a cada dia saem aos montes das comunicações de massa. Elas são de tal tipo que acabam por se neutralizar reciprocamente e por induzir à paralisia quem as desejasse escutar, por impedir qualquer tipo de ação. Uma das metáforas mais correntes da linguagem política atual é a dos "nós a serem desatados". Ao longo da corda que deveria fazer com que saíssemos do labirinto, damos nós continuamente. Pois bem: o intelectual é aquele que pode dar-se ao luxo de exercer a própria paciência e o próprio engenho para desfazê-los. Mas o político é obrigado algumas vezes a cortá-los. Com respeito a essa bifurcação, não há diferença entre o caso do ideólogo e o do experto. As ideologias são sempre nebulosas formadas por uma miríade de ideias das quais não é fácil definir a forma e a substância. Podem inspirar, quem sabe guiar, a ação, mas jamais a determinam completamente. Aquilo que frequentemente se toma por ideologias de sustentação não são mais que derivações no sentido paretiano da palavra, isto é, justificações póstumas de uma ação já decidida. Os conhecimentos fornecidos pelo experto são ou deveriam ser menos nebulosos. Mas não existe problema, mesmo que circunscrito, para cuja solução não sejam apresentadas diversas propostas, entre as quais será preciso escolher, quando se desejar descer do céu das ideias à terra dos fatos.

Uma relação que se inverte

Afirmei que isso ocorre em condições de liberdade. O problema que nos interessa é o problema da relação entre intelectuais e política em uma sociedade livre. Essa não perfeita correspondência entre esfera das ideias e esfera das ações que adotei como prova da irredutibilidade da cultura à política, e portanto da autonomia relativa da cultura, existe em uma sociedade relativamente livre. Onde há correspondência perfeita entre a direção política e a ideologia, ou onde o experto é chamado para oferecer seus serviços para uma solução já determinada de antemão, temos certeza de que nos encontramos perante uma sociedade não livre, da qual um dos indicadores mais característicos é o primado da política sobre a cultura, a redução total da esfera em que se desenrolam as batalhas ideais à vontade de domínio de quem detém o poder, com a consequente redução dos ideólogos a doutrinadores e dos expertos a mandarins.

Com isso não desejo de modo algum negar que em uma sociedade na qual está garantida a liberdade de opinião o intelectual não seja submetido a condicionamentos. Não existem apenas os condicionamentos provenientes do poder político. E, de resto, ninguém pode viver no vazio. Cada um é condicionado a seu modo. Mas deve existir uma diferença entre o condicionamento proveniente das várias fontes do poder social e o condicionamento proveniente da única fonte de um poder político monocrático: se o primeiro permite a formação de opiniões diversas, o segundo não. Parece-me que essa diferença significa que somos todos condicionados, mas existe condicionamento e condicionamento. Ou estou errado? Não há pior surdo do que aquele que não quer ouvir: não há pior condicionado do que aquele que, afirmando que todos são condicionados, do mesmo modo acredita em uma sociedade em que todos serão livres. (Algumas vezes cheguei a pensar que esta sociedade futura é a antítese daquela imaginada por Rousseau, o qual dizia que cada um, obrigando-se para com todos, seria mais livre do que antes. A sociedade de certos ideólogos poderia ser definida, ao contrário, como aquela em que cada um, uma vez liberado de todos, será mais escravo do que antes.)

De qualquer modo, o argumento mais forte, o decisivo, para sustentar e defender a existência do intelectual como personagem que forma, com outros a ele assemelhados (embora muito desassemelhados nas respectivas tomadas de posição), um grupo separado dos demais, é esse próprio seminário que, entre outras coisas, segue-se a outros seminários análogos e se insere em um debate mais vivo do que nunca. Um seminário sobre os intelectuais e os partidos pressupõe que para além dos partidos, que de resto são dirigidos por intelectuais, existem intelectuais que não estão diretamente envolvidos com os partidos, e não estão envolvidos porque desempenham uma função que não é reduzível à função dos partidos. De resto, não passa um dia sem que apareça em algum jornal um apelo ou um manifesto de pessoas que se qualificam, uma vez signatários daquele apelo ou daquele manifesto, como intelectuais (esses apelos ou manifestos são por definição ações de intelectuais, de intelectuais como tais, tanto é que a sua característica essencial é precisamente aquela de reunir assinaturas de pessoas pertencentes a grupos políticos diversos e que se encontram juntos para subscrever aquele protesto porque se reconhecem como intelectuais para além do seu pertencimento político ou partidário). Na melhor das hipóteses, se de uma modificação ou de uma novidade pode-se hoje falar (falo sempre a contragosto de novidade nas coisas da política porque onde a memória é curta, parece novo aquilo que é simplesmente o velho de que se perdeu a recordação), esta consiste no seguinte: até agora foram os intelectuais que com seus manifestos ou apelos dirigiram-se às forças políticas; agora são as forças políticas que se dirigem insistentemente aos intelectuais. Uma vingança? Não desejo pôr a questão nesses termos. Mais uma vez apenas constato um fato: um fato que leva água ao moinho da tese de que os intelectuais existem como grupo independente e contam, ou se crê que contem, na esfera própria da ação política, que cabe precisamente aos partidos. São os próprios partidos que o reconhecem.

Espírito laico e área socialista

Nesse ponto, abre-se o problema do tipo de relação que existe, ou melhor, que deveria existir, entre os intelectuais e os partidos. Esse problema também não pode ter uma resposta unívoca. Felizmente, ainda vivemos em um regime de liberdade de opinião: que cada partido faça as propostas que acredita estarem mais sintonizadas com a própria história e com a própria ideologia, e que os intelectuais façam suas opções. Mas desde que, nessa ocasião, fomos convidados pelo Partido Socialista, a proposta específica, aquela que deveria ser discutida, é a que diz respeito à política cultural do Partido Socialista.

Como já tive a oportunidade de dizer muitas vezes, considero que são muitos, em nosso país, os intelectuais que pertencem ao que habitualmente se chama de "área socialista". Isso é assim porque o Partido Socialista é considerado um partido laico, ou melhor, a área socialista é considerada a área da esquerda laica. E a cultura socialista é, diga-se o que se disser, uma cultura prevalentemente laica. Hoje, diante da presença de apenas dois grandes partidos – dos quais um se remete ao marxismo, o outro ao cristianismo –, costuma-se dizer que a cultura laica está em declínio. Mas assim se dizendo, comete-se o erro de transferir o significado de "laico" que vale em política para o significado de "laico" que vale na história do pensamento. Na política italiana, fala-se de partidos laicos para indicar os partidos pequenos que estão no meio, quase sufocados, entre dois colossos. Mas quando se fala de "espírito laico" na história do pensamento fala-se de uma coisa bem diferente, de algo bem mais importante, que mostra quão restrito e redutivo é o uso de "laico" em política. Por "espírito laico" entende-se a conduta mental e moral da qual nasceu o mundo moderno, as filosofias mundanas, a tendência dedicada ao domínio da natureza, a ideia do progresso pelo saber e da difusão das Luzes, e sobretudo a ideia da tolerância das diversas fés, entre as quais também as diversas fés políticas.

Com estas ideias gerais, que se traduziram em práticas institucionais das quais não esquecemos os benefícios, o espírito laico permeou toda a sociedade moderna e civil. Prestam-lhe homenagem as diversas cartas de direitos que constituem a base irrenunciável dos Estados em que optamos por viver. A ele se opõem todas as formas de doutrinação e de impiedosa negação do dissenso que caracterizam os regimes em que não desejamos voltar a cair. Prefiro falar bem mais de espírito laico do que de cultura laica. Se por cultura laica se devesse entender uma cultura que, como os partidos laicos, está entre o marxismo e o cristianismo, uma cultura desse gênero não existe. Ou, para me expressar melhor, entre marxismo e cristianismo, entendidos como dois polos, existem muitas coisas, muitos outros "ismos", como idealismo, positivismo, pragmatismo, e assim por diante. Ao contrário, se por espírito laico entende-se o espírito crítico contra o espírito dogmático, não vejo nenhuma dificuldade de admitir a existência de marxistas laicos ao lado de marxistas rígidos, de católicos laicos ao lado de católicos sectários. Nesse sentido, que é, aliás, o único sentido historicamente correto, afirmei que a cultura laica é ainda hoje dominante na Itália (e quero crer nisso até prova em contrário).

Repito: os intelectuais da área socialista são muitos. Mas ninguém sabe quantos são efetivamente. Ninguém sabe por que aqueles intelectuais não são organizados. Naturalmente, alguém poderia sustentar que não são organizados por que são inorganizáveis, e não são organizáveis porque por natureza são inorgânicos. Diria que mais do que inorgânicos são dispersos, e são dispersos porque talvez não tenham encontrado até agora no partido, nas iniciativas culturais do partido, uma razão suficiente

OS INTELECTUAIS E O PODER

para se sentirem juntos (aliás, frequentemente encontraram em iniciativas contrastantes do mesmo partido uma razão a mais para se dispersarem).

Bem entendido: quando afirmo que deveriam ser organizados, não quero dizer que devam ser transformados em intelectuais orgânicos no sentido estrito e limitado da palavra. Sobre a categoria gramsciana dos intelectuais orgânicos haveria muito o que dizer (além das numerosíssimas coisas que já foram ditas). Em um certo sentido, que em parte também era o sentido gramsciano, todos nós, pelo fato de vivermos em uma sociedade de cujas lutas participamos, somos orgânicos, no sentido de que somos portadores de certos valores contra outros, defendemos certos interesses contra outros (fiquemos atentos ao fato de que, quando acreditamos defender apenas os interesses dos intelectuais, defendemos na realidade um certo tipo de sociedade na qual os intelectuais gozam de certos direitos e até mesmo de alguns privilégios). Parece-me claro que, segundo Gramsci, os intelectuais tradicionais também foram, por sua vez, orgânicos de classes ora em declínio: são ex-orgânicos, agora não mais orgânicos unicamente porque a sociedade, em sua evolução, colocou-os pouco a pouco fora do jogo. Apenas pode ser considerado inorgânico, nesse sentido, o intelectual que recusa totalmente o mundo da política, que se fecha arrogante e raivosamente na própria solidão, como fez recentemente um dos "novos filósofos". São palavras de Bernard-Henri Lévy:

> Contra o processo em direção à barbárie, só nos restam as armas da nossa língua e o espaço de nossas habitações, as armas dos nossos museus e o espaço da nossa solidão. Testemunhar o indizível e retardar o horror, salvar o salvável e refutar o intolerável: nós não refaremos mais o mundo, mas ao menos podemos velar para que ele não se desfaça...[3]

Porém, se por intelectual orgânico se entende, em um sentido limitado e pejorativo, o intelectual que, em vez de se fechar no próprio isolamento, fecha-se na prisão não menos isolante de uma ideologia dogmaticamente assumida e passivamente servida, então a distinção entre intelectuais orgânicos e inorgânicos faz-se necessária. Mas é preciso também reconhecer que, hoje, essa figura do intelectual orgânico no sentido estrito da palavra está em declínio. Ninguém a leva mais a sério.

---

3 B. –H. Lévy, *La barabárie à humain*. Paris, Grasset, 1977, p.223.

A mim parece que a diferença hoje passa, mais do que entre intelectuais orgânicos e não orgânicos, entre intelectuais organizados e a serem organizados.

Um socialismo a ser inventado?

A serem organizados: trata-se de saber como. Nesse ponto seria preciso saber responder claramente à pergunta: organizar os intelectuais para quê? Para dar um início de resposta a essa pergunta, parece-me útil retomar a distinção que fiz anteriormente entre ideólogos e expertos. Um partido precisa de ideólogos e expertos. Mas as questões que remetem aos primeiros são distintas das questões que remetem aos segundos. Parece-me evidente que a resposta à questão "qual socialismo?" é diferente da resposta à questão "qual universidade?". É certo que ambas as questões são conexas, mas os tempos, mesmo que se prescinda dos conteúdos e portanto das competências requeridas, não são os mesmos. Há questões de tempos longos e questões de tempos breves ou ainda brevíssimos. Há questões abertas, como certamente são as que dizem respeito à assim chamada crise dos valores dominantes, e questões fechadas, como as que dizem respeito à crise desta ou daquela instituição. Mas um partido, para ter respostas acertadas, deveria saber interrogar, não dar diretivas rígidas, estimular o questionamento sem saber antecipadamente qual será a resposta, indicar a estrela polar, fornecer até mesmo a bússola, mas não preestabelecer a rota. Creio que para fazer isso é preciso um partido, como é, por sua tradição, o Partido Socialista, mais despreconceituoso com respeito aos textos sagrados, menos doutrinado, menos ligado a uma matriz cultural da qual não é possível desvincular-se sem correr o risco de ser acusado de revisionismo (acusação, além do mais, que considero no mínimo infamante: quem não está disposto a rever as próprias posições é pura e simplesmente alguém que parou de pensar com a própria cabeça), sem tantos "ismos", que mesmo quando se tornam ruínas são difíceis de remover e congestionam a estrada.

Diante da credibilidade perdida do assim chamado socialismo real, o socialismo está para ser inventado, ou melhor, precisa retornar aos princípios (a estrela polar que jamais deveria ser perdida de vista). Nesses últimos dias, fui tomado por uma sensação de estupor (e também de amargura por todo o tempo perdido) quando li, em um volume que reúne

OS INTELECTUAIS E O PODER

escritos do dissenso soviético, o ensaio de um escritor que eu desconhecia (que me agradou como uma boa notícia). Nesse ensaio, argumenta-se com firme convicção (com a convicção decorrente de uma dura experiência) que socialismo e democracia são inseparáveis, com as mesmas e idênticas palavras que podemos ouvir nesses últimos tempos em nossos debates. Uma frase entre muitas:

> Sob o socialismo, a democracia política não é uma simples superestrutura política, um apêndice que se possa deixar de lado, mas é, ao contrário, a base sem a qual a propriedade social já não pode mais ser a essência do socialismo. Donde: a democracia autêntica e o socialismo não se excluem reciprocamente, como alguns se esforçam em vão para demonstrar, mas, ao contrário, pressupõem-se reciprocamente. Contrariamente a uma opinião bastante difundida, excluem-se um ao outro o socialismo e a ditadura.

E ainda:

> Para que o socialismo seja socialismo, são necessárias as instituições democráticas, que dão à sociedade, ao povo, garantias contra a possibilidade de que lhe venha a ser usurpado o direito de dispor da propriedade, garantias contra a transformação dos organismos representativos em organismos que se ponham acima do povo e que o dominem. Apenas a *completa* democracia pode dar semelhantes garantias. Em consequência, onde a democracia não existe, não se pode dizer que exista o socialismo.[4]

Uma tarefa imensa e magnífica

Retornar aos princípios. Parece-me uma tarefa digna do "clérigo", como diria Benda. Mas o retorno aos princípios não basta. É preciso fornecer os instrumentos necessários para realizá-los em um mundo sempre mais complicado, diante do qual qualquer simplificação é um engano, a pura recusa é uma vantagem concedida ao adversário que se gostaria de abater, a evasão no reino da utopia é uma traição. Uma tarefa imensa e magnífica, se não fôssemos a cada dia atormentados pelo

---

4 P. Egorov, "Che cosa è il comunismo democratico?", in Vv. Aa., *Dissenso e socialismo*, com um ensaio de V. Strada. Torino, Einaudi, 1977, p.134 e 138.

demônio da violência que ameaça destruir tudo, a começar daquele pouco de democracia que fomos capazes de conquistar contra o fascismo e de defender contra os seus inimigos internos, e que é a condição mínima e necessária para que a tarefa possa ser perseguida. Continua sendo, para mim, uma tarefa imensa e magnífica, não obstante tudo isso. Nunca tanto como agora, perante uma sociedade que corre em direção à própria autodestruição, e parece fascinada pelo desejo de morte, devemos recorrer à inteligência criadora.

Não estou de modo algum seguro de que esse apelo seja ouvido. Se vocês me convidassem para apostar na salvação última da humanidade, não aceitaria. Estou disposto a apostar, em vez disso, em favor da afirmação de que a única via de salvação é o desenvolvimento da democracia, rumo àquele controle dos bens da Terra por parte de todos e à sua distribuição igualitária que se chama socialismo, de modo a que não existam mais de um lado os poderosos e de outro os enfraquecidos. Felizmente, posso repetir com Hegel: "o filósofo não se ocupa de profecias", pois para compreender a realidade na sua mais profunda natureza, que é a sua tarefa, "já tem bastante trabalho a realizar". Os únicos profetas que amo são os profetas desarmados, sobretudo em um mundo no qual há tantas armas em circulação e tão poucos profetas.

DA PRESENÇA DA CULTURA
E DA RESPONSABILIDADE
DOS INTELECTUAIS

A melhor prova da presença da cultura na sociedade contemporânea é o debate, muitas vezes áspero, sempre vivo e atualíssimo, sobre a tarefa e a responsabilidade dos intelectuais. Passaram-se já cinquenta anos desde a publicação do famoso, e justamente famoso, livro de Julien Benda, *La trahison des clercs*. Não sei se também em outros países, mas na Itália o aniversário não passou despercebido. Um conhecido editor reimprimiu a tradução italiana com uma ampla introdução e o livro foi bastante comentado. Não passou despercebido porque o problema é mais atual do que nunca. Em nosso país, nesses últimos anos, não houve evento dramático (e Deus sabe quantos deles existiram) que não tenha reproposto o discurso sobre os intelectuais, sobre sua colocação na comunidade nacional, sobre sua função (ou perda de função) e, enfim, sobre suas responsabilidades (ou sobre suas culpas).

Bastará recordar a polêmica, nascida da resposta de Eugenio Montale a uma jornalista do *Corriere della* Sera, que lhe havia perguntado se aceitaria fazer parte do júri popular no processo de Turim contra as Brigadas Vermelhas: "Creio que não – respondeu. Sou um homem como todos os outros e teria medo como todos os outros".

A discussão que se seguiu à entrevista teve tanta repercussão que dela nasceram até mesmo dois livros. Domenico Porzio reuniu os textos da polêmica em um volume publicado poucos meses depois intitulado

Coraggio e viltà degli intellettuali. Na França, sob os cuidados de Fabrizio Calvi, apareceu um volume intitulado *Italie soixante-dix-sept: le mouvement et les intellectuels*, que contém, entre outros, alguns artigos derivados daquela discussão. Tendo participado do debate com um artigo em *La Stampa* intitulado "O dever de ser pessimista", tive a surpresa de vê-lo republicado duas vezes em alguns poucos meses. A mesma polêmica, ainda mais áspera e venenosa, foi renovada durante o sequestro e após o assassinato de Aldo Moro. O tema de fundo, porém, havia mudado: desta vez, não se tratava mais da covardia dos intelectuais, mas do seu silêncio (sim, do seu silêncio, ao passo que hoje seria preciso falar de uma excessiva loquacidade). Eram acusados, esses eternos falastrões, esses fabricantes de palavras, de terem silenciado em um momento em que o "País" (esse ente fictício que cada um cria à sua própria imagem e semelhança) precisava ouvir a sua voz. Um dos redatores de um conhecido jornal telefonou-me, como a tantos outros, dois ou três dias após o rapto, para me perguntar por que eu não havia escrito nada para comentar o episódio e como eu explicaria o fato de muitos outros terem se comportado do mesmo modo. Respondi, surpreso, que diante de um evento tão extraordinário, tão imprevisível, tão desmedido no horror que suscitava, o silêncio – um pouco de silêncio – era um ato de seriedade.

Poderia citar muitos outros casos. Recordei esses dois porque são recentes e porque a ressonância deles ainda não se esgotou. Mas ambos são exemplares. Toda vez que a cena política é atravessada por uma ação que sai fora dos esquemas habituais, volta ao palco com particular força o tema da relação entre os intelectuais e a política, é feita com renovada insistência a pergunta: "E os intelectuais, o que pensam a respeito disso?", repropondo-se o debate sobre a responsabilidade dos homens de cultura perante os problemas cruciais do seu tempo. Seja qual for a resposta, a própria pergunta indica bem quanto está difundida a opinião de que os intelectuais não só existem (embora não constituam uma classe e nem mesmo uma camada, mas apenas um conjunto inorgânico de pessoas que se reconhecem entre si pelas características da própria atividade), mas têm um peso e exercem uma influência (alguém poderia dizer também um poder) com a qual é preciso ajustar as contas, ainda que se considere que essa influência seja, como muitos creem e dizem, maléfica.

Falando da atualidade do problema, não desejo fazer crer que o problema da relação entre intelectuais e poder seja novo. É um problema tão velho quanto a história de que temos notícia. As relações entre

OS INTELECTUAIS E O PODER

intelectuais e poder nunca foram relações pacíficas. E não foram pacíficas precisamente porque os homens do poder sempre tiveram consciência da diversidade dos fins que o filósofo e o político perseguem, e procuraram ou subordinar os intelectuais ou, quando se encontraram diante da oposição deles, impedi-los de causar prejuízo, segundo a famosa máxima maquiavélica de que os inimigos devem ser suavizados ou eliminados. Por outro lado, os intelectuais frequentemente ostentaram sua superioridade sobre os políticos, uma vez que os consideraram homens dedicados a uma atividade meramente prática, que devem continuamente comprometer-se com as debilidades, e às vezes também com as perversidades, das multidões. Para parafrasear um célebre ditado, o poder tem suas razões, que a Razão (com o "r" maiúsculo) refuta. Seria possível citar milhares de testemunhos desse dissídio. Mas basta essa passagem de Plutarco no texto sobre a vida de Péricles:

> Em minha opinião, a vida de um filósofo dedicado à especulação e a vida de um político não são a mesma coisa. O filósofo movimenta sua mente em direção a fins nobres e não precisa, para fazer isso, de instrumentos e materiais externos; o político, ao invés disso, deve colocar sua própria virtude [*virtù*] em contato com as baixas exigências do homem comum.

A essa postura de separação e desdenho, o político sempre respondeu com as palavras de Maquiavel: "Somente aos homens sábios [o príncipe] deve dar livre arbítrio para lhe falarem a verdade ... Deve, porém, indagar-lhes sobre todas as coisas e ouvir a opinião deles, para depois deliberar por si mesmo e a seu modo".

O problema não é novo. Mas as dimensões mudaram. Os meios com os quais os intelectuais podem tornar conhecidas e fazer valer as próprias ideias (se as têm ou mesmo se não as têm) são enormes. Nenhuma comparação possível entre o tempo em que Sócrates se entretinha com os amigos, os discípulos ou os alunos, em um diálogo íntimo, e o nosso tempo, no qual um artigo publicado em qualquer jornal pode ser lido imediatamente por milhares de pessoas ou uma aparição na televisão pode ser vista por milhões. Nosso auditório dilatou-se desmesuradamente. De limitado a uma região, a um território, a uma cidade, tornou-se nacional. Uma língua fechada como a italiana é compreendida por 50 milhões de pessoas, cifra que, se se levar em conta os italianos que estão fora da Itália, pode ser duplicada. De nacional, torna-se, em alguns casos, quase internacional, graças à rapidez das traduções e à rapidez das comunicações.

Estou perfeitamente consciente da quantidade de problemas que levanto com essa afirmação. Primeiro de tudo, há o seguinte: ao aumento da extensão corresponde um aumento da profundidade? Os diálogos entre Sócrates e os seus quatro ou cinco interlocutores chegaram até nós. O que será de nossos debates, aos quais assistem e talvez participem milhares de leitores e milhões de espectadores? (Digo "participem" porque quem quer que se valha, para tornar conhecidas as próprias ideias, das comunicações de massa, recebe um certo número de cartas de leitores. Elas são frequentemente inteligentes e algumas vezes polêmicas, sobretudo quando anônimas.) Provavelmente, sobrará muito pouco ou nada. Sempre me impressionou a rapidez com que as páginas são viradas e a página de ontem termina no lixo. Nossos debates se assemelham a fogos de artifício: uma luz intensa, mas efêmera, um estalido que dura um instante, para logo depois voltarem a escuridão e o silêncio. Apagado um fogo, acende-se outro, e o público fica mais aturdido que iluminado. Ou, se vocês preferirem uma outra imagem: um artigo publicado em um grande jornal por um escritor de fama – Pasolini, Moravia, Montale, Sciascia – é como um rastilho que acende inesperadamente uma miríade de outros fogos, e todos juntos levam o fogo ao castelo; quando o castelo queima, porém, todos se dão conta de que se trata de um castelo de papelão.

A quantidade sufoca a qualidade. Faz isso de dois modos. Como somos solicitados por jornais, semanários, revistas, rádios públicas e privadas, por zelosos promotores de livros e de mesas-redondas, pelo gravador ou por telefone, até mesmo enquanto caminhamos, ou quando entramos em um teatro para assistir a uma conferência, ou quando saímos com o único desejo de descansar a cabeça, passamos a exprimir a nossa opinião em qualquer momento do dia, a fazer previsões sobre fatos ainda não acontecidos, a dar uma solução segura, inteligente e convincente para todos os problemas do Universo. Em decorrência, e naturalmente, ou dizemos coisas insignificantes que poderiam muito bem permanecer nos limites de uma conversa privada, ou repetimos coisas já ditas por outros e por nós mesmos uma infinidade de vezes, que apenas parecem ser novas em decorrência daquele fenômeno da notícia nova que esmaga a velha, a que já me referi.

OS INTELECTUAIS E O PODER

A quantidade sufoca a qualidade também por outra razão: em qualquer assunto que esteja na ordem do dia, as opiniões expressas publicamente, pelos experts ou por aqueles que são considerados ou se consideram como tais, são tão numerosas e disseminadas que seria preciso ter os olhos de Argo para lê-las todas e a memória de um computador para organizá-las, desde que se consiga fazer uma leitura não descuidada. Dá-se assim que cada um fala sem saber exatamente o que disse o outro, e acabamos por ficar sem condições de dominar uma matéria qualquer e de considerar todas as teses que foram enunciadas e sustentadas. Seria possível dar exemplos extraídos da minha própria experiência pessoal, tanto da experiência do estudioso que já teve de abandonar há muito tempo o sonho de se apropriar do que antes se chamava (e que recomendamos aos nossos estudantes) a bibliografia completa sobre o assunto como da experiência do livre escritor que frequentemente, com um artigo de jornal, constrói sem saber o anel de uma cadeia, da qual jamais conhecerá a direção e o fim, se será uma serpente que morde o próprio rabo, enreda-se em si mesma em espirais regulares e concêntricas ou estende-se tanto que cabeça e rabo não conseguem mais voltar a se encontrar. (Recentemente, ocorreu-me de intervir no debate que instiga – ou melhor, que *trabalha*, como se diz hoje – a esquerda italiana: se existe uma terceira via entre o leninismo hoje refutado ou desprezado e a social-democracia vista com suspeita. Comecei a recortar os artigos sobre o assunto, mas logo tive de parar porque em duas semanas reuni tantos deles que daria para organizar um volume que ninguém jamais poderia publicar e menos ainda ler. Enquanto isso, as vias se multiplicaram: não são mais três, mas quatro, cinco ou dez – um artigo foi intitulado ironicamente de "a sexta via" –, ou talvez sejam infinitas, como as propostas por Signore.)

Percebo claramente que forcei a mão sobre alguns aspectos negativos da "presença da cultura". Mas fiz isso porque esses aspectos são de qualquer modo um produto do crescente poderio dos meios de que os intelectuais dispõem para exercer o poder que lhes é próprio – o poder ideológico: são o reverso da medalha, em cuja face está impressa a antiga e venerada efígie do filósofo-rei. Fiz isso também por um outro motivo: ao homem de cultura – ou àquele ideal do homem de cultura a que eu aspiro e sobre o qual voltarei a me referir – não convém a arrogância do poder. E o poder torna-se arrogante quando não conhece os próprios limites, quando não sabe rir de si mesmo, curvar-se sobre as próprias misérias, reconhecer as próprias fraquezas, frear as próprias ambições, ou pior, a própria vaidade. Que fique bem claro que não tenho a intenção de subestimar e menos ainda de negar o poder da inteligência em todas as suas manifestações, da filosofia às ciências, do pensamento utópico ao saber técnico, da ideologia às várias formas da criação artística. Mas consideremos por um momento os dois polos opostos entre os produtos da inteligência humana: a ciência e a ideologia (opostos na medida em que se entenda por ciência toda forma de saber teórico e, por ideologia, um saber que tem por finalidade a proposição e a justificação de ideais práticos). Pois bem, creio que ninguém é tão cego para não ver que a potência da primeira chegou hoje a ponto de interromper ou mesmo de inverter o curso da natureza ou de fechar para sempre o curso da história; quanto à ideologia, a religião do século XX, jamais se refletirá o suficiente sobre o fato de que atravessamos uma época histórica na qual povos inteiros são guiados por uma doutrina dominante, como ocorre nos países em que o poder político tira força e consenso do uso monopolista do poder ideológico. Suspendo o juízo sobre a finalidade, se a potência da inteligência humana está destinada a conduzir a humanidade em direção à conquista de bens maiores ou em direção à destruição total. Se existe, como eu creio que exista, o vulto demoníaco do poder, segundo a imagem de Ritter, esse vulto demoníaco não é apenas do poder político, mas também do poder ideológico. Mas não se trata disso. Trata-se de se dar conta de que o poder da inteligência humana é hoje enorme, e precisamente por isso, como todas as demais formas de poder, pode produzir, se não estiver controlado e limitado, efeitos perversos.

Ao crescimento do poder corresponde – deve ou deveria corresponder – um aumento de responsabilidade. O problema da relação entre poder e responsabilidade é um dos temas fundamentais da filosofia política, e precisamente por isso me interessa de perto. É um problema muito complexo. Limito-me aqui a dizer que apresenta dois aspectos diversos, e pode ser portanto considerado de dois pontos de vista.

O primeiro aspecto diz respeito ao conceito de responsabilidade como dever de calcular, antes de agir, as consequências das próprias ações. Diz-se responsável, ou melhor, que tem o senso da responsabilidade, um homem que antes de agir se preocupa em prever quais serão os efeitos da própria ação e, por antítese, diz-se irresponsável aquele que age ou para o seu próprio proveito ou para obedecer a princípios em que crê cegamente, sem avaliar o que pode decorrer de bom ou de mau das

OS INTELECTUAIS E O PODER 97

suas ações. Max Weber captou bem, como todos sabem, a diferença entre aquele que age com base em princípios, isto é, com base naquilo que está antes da ação como sua regra, norma ou critério, e aquele que age com os olhos nas consequências, naquilo que vem depois da ação e é o efeito dela, o resultado. E distinguiu duas éticas, a ética da convicção ou da pura intenção e a ética da responsabilidade. Não tenho dúvidas de que o homem de fé deve agir com base na primeira e o político com base na segunda. Pôr o problema da responsabilidade dos intelectuais significa pôr-se a pergunta: o intelectual age com base na ética da pura intenção ou com base na ética da responsabilidade?

A resposta, em minha opinião, não pode ser unívoca. Em um discurso sobre os intelectuais, que proferi o ano passado, distingui dois tipos principais (ou ideais) de intelectuais, que chamei de *ideólogos* e de *expertos*, compreendendo por ideólogos aqueles que fornecem princípios-guia (precisamente as ideologias) aos detentores do poder político atual ou potencial, e, por expertos, aqueles que fornecem conhecimentos técnicos. Acredito ter precisado que a diferença entre uns e outros, também com respeito à responsabilidade, depende do fato de que obedecem a duas éticas diversas, os ideólogos à ética da convicção, os expertos à ética da responsabilidade. Dizia então: "O dever dos primeiros é o de serem fiéis a certos princípios, custe o que custar; o dever dos segundos é o de propor meios adequados ao fim e, portanto, de levar em conta as consequências que podem derivar dos meios propostos". Com isso não está dito que os primeiros não tenham também eles a sua responsabilidade; mas é uma responsabilidade diversa. É uma responsabilidade com respeito à pureza dos princípios, não às consequências que podem derivar dos princípios. Tanto é verdade que a história tende habitualmente a separar o conteúdo de uma doutrina dos seus efeitos, a não referir imediatamente os segundos ao primeiro. De fato, não há nada mais difícil do que entender a relação entre um certo sistema de crenças e um certo sistema social. Marx é responsável pelo presente estado dos países do assim chamado "socialismo real" e pelos delitos (ou degenerações) de Stalin? Nietzsche é responsável pelo nazismo, pelas loucuras criminosas de Hitler? São questões a que o historiador hesita em dar uma resposta segura. São prova disso o fervor, a paixão e algumas vezes também a acrimônia com que são sustentadas teses diametralmente opostas. Não citei Marx e Nietzsche por acaso: de um lado, assiste-se à condenação de Marx, tido como responsável por tudo o que se passou nos países em que ocorreu uma revolução que se autoproclamou marxista (penso, para dar um exemplo clamoroso, nos "*nouveaux philosophes*" e em sua sentença "Marx está morto"); de outro, assiste-se à absolvição de Nietzsche da acusação de ter sido o grande evocador da catástrofe da Alemanha. Invertem-se as culpas, mas sempre se trata de um problema de responsabilidade, reconhecida ou refutada, referida a uma teoria, ideologia ou sistema de princípios, e às suas consequências.

Considero que não se pode dar uma resposta segura a esse problema porque entre uma concepção do mundo, por exemplo a de um personagem cósmico-histórico, para usar a expressão hegeliana, e a transformação da sociedade em uma direção mais do que em outra, existem muitas mediações: os prosélitos, as diversas interpretações que podem ser feitas de uma doutrina, e portanto as diversas escolas, seitas ou movimentos delas derivadas, as circunstâncias de tempo e lugar, a maior ou menor maturidade dos tempos, os destinatários da mensagem. Não obstante o desenvolvimento das pesquisas da sociologia do conhecimento, ainda sabemos bem pouco sobre o modo como certas ideias nascem de uma certa sociedade: as hipóteses sobre as quais trabalhamos (e certamente uma das hipóteses mais ousadas e fecundas foi a teoria marxiana das ideologias, segundo a qual as ideias dominantes são as ideias da classe dominante) são ainda muito grosseiras. Sabemos ainda menos sobre o problema inverso, isto é, sobre o modo como as ideias influenciam, condicionam ou determinam a ação social. Isso não impede que o debate sobre os intelectuais seja em grande parte provocado pela convicção daqueles que julgam suas ações do exterior, como os políticos ou as pessoas comuns – que se consideram, algumas vezes com enfado e mesmo com insolência, distantes tanto dos intelectuais como dos políticos –, pela convicção, digo, de que uma precisa e bem identificável responsabilidade dos intelectuais refere-se ao rumo das coisas do mundo, sobretudo se as coisas vão não como os políticos e as pessoas comuns consideram que deveriam ir. Note-se que essa convicção é aceita algumas vezes pelos próprios intelectuais em rixa entre si, como frequentemente ocorre. Demo-nos conta disso durante os terríveis dias da prisão, da agonia e da morte de Aldo Moro. Um dos espetáculos mais dolorosos e reprováveis a que tivemos de assistir naqueles dias foi a troca de acusações entre pessoas que fazem ou creem fazer a opinião pública: em um dos episódios mais dramáticos de nossa história, essas acusações terminavam por indicar ao público, que deseja justamente encontrar um culpado, o bode expiatório.

OS INTELECTUAIS E O PODER

Prefiro falar mais de responsabilidade do que de engajamento. Os da minha geração recordam que o problema dos intelectuais, após a Libertação, fez jorrar rios de tinta sobre o engajamento e sobre o não engajamento. A Resistência havia obrigado muitos a saírem do refúgio da torre de marfim, que durante um regime de ditadura, como era o fascismo, poderia ser considerado, senão como um ato de resistência, ao menos como um gesto de não obediência, bem menos vil do que a obediência cega à palavra de ordem do ditador. Considerou-se que, terminado o período de desonra, em que o homem de cultura oscilara entre a subordinação e a evasão, abria-se uma nova era de profundas transformações sociais na qual o homem de cultura deveria escolher o seu lado. Mas qual lado? A teoria do engajamento jamais conseguiu dar uma resposta precisa a essa pergunta. Não a deu porque não podia dá-la. Engajar-se quer dizer pura e simplesmente tomar partido. Mas todos os partidos são igualmente bons? Sempre me perturbou a constatação de que os defensores do homem de cultura engajado não exaltavam o engajamento como tal (uma postura desse gênero teria sido uma bobagem), mas o engajamento mais por um lado do que por outro, engajamento este que, desde que fosse em favor do lado que se considerava justo, também poderia ser um engajamento total. Mas o engajamento total por um partido é compatível com a tarefa, repito a palavra que me importa, com a responsabilidade do homem de cultura? Na realidade, não estava em jogo uma contraposição entre engajamento e não engajamento, mas uma contraposição entre engajamento e engajamento. Mas nessa contraposição a teoria perdia toda a validade e acabava por destruir aquilo que queria construir, isto é, a figura nova do intelectual não subordinado. O engajamento total era, diga-se o que se disser, uma nova forma de subordinação, um outro modo de abdicar da própria tarefa. Escrevi em 1951, em meu primeiro artigo para a revista *Comprendre*, elaborado por solicitação de Umberto Campagnolo, palavras que gostaria de repetir agora, sem alteração, a uma distância de quase trinta anos:

> Dir-se-á que o homem de cultura não pode se afastar, que também ele deve se engajar, isto é, escolher um dos dois lados da alternativa. Mas o homem de cultura tem o seu modo de não se afastar: aquele de refletir mais do que se faz habitualmente nos institutos oficiais da cultura acadêmica sobre os problemas da vida coletiva, e de discutir um pouco menos com os próprios colegas sobre o primado do pensamento e do ser. Tem o seu modo

de se engajar: aquele de agir em defesa das condições mesmas dos pressupostos da cultura. Se quisermos, tem também ele o seu modo de decidir, desde que se entenda bem que ele só pode se decidir pelos direitos da dúvida contra as pretensões do dogmatismo, pelos deveres da crítica contra as seduções da enfatuação, pelo desenvolvimento da razão contra o império da fé cega, pela veracidade da ciência contra os enganos da propaganda.

Prefiro falar mais de responsabilidade a falar de engajamento porque importa não que o homem de cultura se engaje ou não se engaje, mas por que coisa ele se engaja ou não se engaja e de que modo ele se engaja, assumindo todas as responsabilidades da sua escolha e das consequências que dela derivam. É apenas com base nessas responsabilidades, e apenas nelas, que ele deve ser julgado, e não com base no fato de que tenha se engajado por essa ou aquela parte, ou tenha preferido não se engajar por nenhuma das partes, pondo-se acima do combate ou retirando-se para o deserto para rezar. O tema do engajamento era um falso problema. Repito, não conta o engajamento mas sim a causa pela qual alguém se engaja; e diante do contraste de causas equivocadas, é melhor o aparente não engajamento de um Romain Rolland, que durante a Primeira Guerra Mundial incitava os homens de razão a se colocarem acima do combate.

Problema verdadeiro e grave é, em vez disso, em minha opinião, o problema da responsabilidade. Vivemos em uma época na qual, entre tantos processos degenerativos, que sempre oferecem novos pretextos aos anunciadores de crises, aos profetas apocalípticos do fim da história, um dos mais preocupantes, até mesmo porque é dos mais evidentes, parece-me ser a progressiva desresponsabilização (perdoem-me essa horrível palavra) do indivíduo, uma vez transformado em homem-massa. É inútil concentrarmo-nos em um fenômeno que está sob os olhos de todos e sobre o qual todos nós ouvimos ou lemos milhões de palavras. Limito-me a chamar a atenção para a frequência, para o caráter invasivo e para a insistência das manifestações de massa nas quais o indivíduo perde a própria personalidade e se identifica, se perde e se anula no grupo; não fala mas grita; não discorre mas injuria; não raciocina mas exprime o próprio pensamento no estilo primitivo do *slogan*; não age mas se agita, fazendo gestos rítmicos com o braço estendido; manifestações que – maravilha da imagem transmitida com rapidez fulminante de país a país –, não obstante a variedade dos costumes, dos regimes e das civilizações, mostram-se a todos nós, atônitos, como iguais, perfeitamente iguais em todo o mundo. A ética de grupo prevalece sobre a ética individual: quero dizer, a ética segundo a qual a minha ação é imputável ao grupo de que faço parte, e somente o grupo, portanto, seja qual for a ação que execute, inclusive a mais bestial, a qual eu pessoalmente não aprovo, é responsável por ela. Ao lado da perda de responsabilidade individual na sociedade de massa, deveríamos também destacar, se o discurso não se tornasse excessivamente longo, uma diminuição da responsabilidade civil, favorecida pelo assim chamado Estado assistencial, que aumentou o número e a qualidade das demandas sem ter condições de atendê-las, e uma diminuição da responsabilidade política, favorecida pelo agigantamento do aparato estatal sempre menos controlável.

Limito-me a observar que, por reação a esse fenômeno difuso de responsabilidade coletiva, no qual ninguém é responsável e responsáveis são sempre os outros, é frequente a afirmação igualmente falsa de que somos todos responsáveis, uma assunção genérica, generalizada e além do mais evasiva de uma culpa coletiva segundo a qual, ainda uma vez, sendo todos culpados, ninguém é culpado. A responsabilidade é sempre, moral e juridicamente, um fato subjetivo e individual, sobretudo para o intelectual. E aqui chego ao ponto dolente. Intelectual e massa são dois termos incompatíveis: existe o homem-massa, a massa anônima das grandes cidades – amorfa, despersonalizada, sempre mais degradada moral e politicamente –, a construção civil de massa, que fez todas as cidades do mundo iguais, a ponto de que quando estamos na periferia de uma megalópole não sabemos, a não ser pelos luminosos das lojas, se estamos em Roma ou em Paris, em Bruxelas ou em Mônaco, em Casablanca ou em Madagascar. Não existe, não pode existir, porém, o homem de cultura de massa. Ou, se existe, e infelizmente existe, nenhum de nós estaria disposto a mencioná-lo como exemplo. Dizer que o intelectual-massa não existe, e não pode existir, significa que para nenhum outro vale tanto o princípio da responsabilidade, falo da responsabilidade individual, como para quem assume a tarefa ingrata, difícil e exposta continuamente ao risco da incompreensão ou do fracasso, de exercer a própria inteligência para mover e demover a inteligência alheia.

Considero ser este um ponto estabelecido. O intelectual deve responder na primeira pessoa pelas próprias ideias, quando decide torná-las conhecidas do público. É uma afirmação que tem algumas consequências. A primeira é que quem se dirige ao público deve ter em conta o público a que se dirige: as coisas que podem ser ditas em uma reunião científica não se pode dizer, e não se pode dizer com as mesmas palavras, quando se escreve para um jornal. Há antes de mais nada um problema de linguagem técnica, e depois de clareza. Não me interessa a linguagem técnica, que se presta ao uso entre especialistas; interessa-me a linguagem dos jornais, das comunicações de massa em geral. Hoje é preciso mais do que nunca fazer-se compreender, evitar as frases abstrusas, encontrar as formas mais simples de explicar as coisas complicadas. Estou convencido de que muitas polêmicas rancorosas seriam evitadas se todos falássemos um pouco mais claro. Muitas rixas ideológicas são fruto de mal-entendidos (algumas vezes, mas não sempre, intencionais). Mais claro e menos: as duas coisas são, de resto, conexas. A primeira regra, para escrever claro, é escrever pouco e quando se tem verdadeiramente alguma coisa para dizer. Estamos submersos pelo papel impresso: o número das palavras que conseguimos ler ou escutar continua a diminuir em comparação com o número das palavras que são escritas ou ditas. Entre cem jornais o homem da rua compra no máximo dois. Das vinte páginas do jornal que compra, lê aproximadamente duas ou três colunas, quando não lê apenas os títulos ou apenas os títulos das páginas que lhe interessam. De cada cem boatos que se espalham pelo ar e podem chegar à nossa casa, ouvimos no máximo dois ou três durante uma parte do dia. Um enorme desperdício de atividade comunicativa: um desperdício que não haveria se cada um de nós falasse apenas quando tem alguma coisa a dizer.

Claro, o problema mais grave da responsabilidade do intelectual não diz respeito ao modo, mas a que coisa. Aqui, é imensa a responsabilidade de quem fala ou escreve, e falando ou escrevendo se serve das comunicações de massa. A minha impressão é que nem sempre nos damos conta disso. Muitas vezes nos damos conta depois, quando não podemos mais voltar atrás, quando descobrimos com surpresa que uma de nossas teses não teve a ressonância esperada, ou teve uma ressonância completamente diversa. Permitam-me esse desabafo: detesto ardorosamente o maximalismo verbal. Detesto-o tanto assim porque o maximalista é alguém que se recusa a considerar e a admitir os efeitos das próprias palavras. Em seu discurso, as palavras vão sempre bem além dos efeitos desejados: evoca incêndios destruidores (a despeito do fato de que a palavra "incêndio", diferentemente do incêndio real, não queima), invoca a violência purificadora (obrigando-se depois a considerar, quando já é tarde, que a violência produz violência em uma cadeia sem fim), usa as palavras como sopros sobre o fogo.

OS INTELECTUAIS E O PODER

Disse que o problema da responsabilidade tem dois aspectos. Até agora falei da responsabilidade como consciência das consequências da própria ação. Porém – eis o segundo aspecto –, devemos nos preocupar com as consequências das nossas ações porque devemos responder a alguém. A quem? A esse segundo aspecto corresponde também um diverso sentido – de resto bem conhecido – de irresponsabilidade: é o sentido com o qual se fala, por exemplo, de irresponsabilidade do príncipe absoluto, que não responde pelas próprias ações a ninguém, exceto a si mesmo e a Deus. A irresponsabilidade de quem detém o poder é um dos traços característicos de um governo autocrático, ao passo que a democracia, na qual vivemos e pretendemos continuar a viver, está caracterizada, ao menos teoricamente (no plano dos fatos, porém, numa democracia desconjuntada como a nossa, as coisas passam-se de outro modo), pelo princípio da responsabilidade, política e jurídica, dos principais órgãos do Estado. Na democracia ninguém é – ou deveria ser – irresponsável. Nesse sentido, falar de responsabilidade dos intelectuais significa que também eles, como todos os demais, devem responder a alguém. Naturalmente, falo aqui da responsabilidade política do intelectual, ou, se preferirem, da responsabilidade do intelectual com respeito à esfera da política em que vive ou da qual é, querendo ou não, uma parte.

A esse ponto articula-se o discurso sobre a relação entre intelectuais e política, que é o discurso principal que manteve juntos os membros da Sociedade Europeia de Cultura e que dela constitui, desde a origem, a própria razão de ser. Se eu tivesse de resumir em uma palavra o significado da nossa Sociedade, ousaria dizer que ela pôs no centro de seus interesses e de suas discussões o tema da responsabilidade dos intelectuais, quer dizer, da responsabilidade política dos intelectuais, segundo a ideia de seu idealizador e inspirador Umberto Campagnolo, que sintetizou com muita felicidade, desde o início, o princípio que deveria guiar o nosso trabalho – e ao qual eu aderi com profunda convicção – na fórmula da *política da* cultura. Essa fórmula tem a vantagem de exprimir breve e exaustivamente o núcleo da posição que assumimos com coerência em tantos debates (desenvolvidos ao longo de quase trinta anos): a cultura não deve ser apolítica, mas a sua política não é a política *tout court*, aquela que nós chamamos habitualmente de política ordinária, mas é uma política própria da cultura, que não coincide, não *deve* coincidir, com a política dos políticos.

Explico-me. Sobre os vários modos com que se podem representar as relações entre intelectuais e política já foram ditas muitas coisas, formuladas muitas hipóteses, descritos muitos tipos ideais. Entre as várias tipologias, a que me pareceu mais útil é a proposta por Coser no livro *Men of Ideas*, de 1965. Coser agrupa as possíveis relações entre intelectuais e poder nas quatro posições seguintes:

1 Os próprios intelectuais estão no poder. O exemplo que Coser dá é o dos jacobinos e o dos bolcheviques, evidentemente com base na concepção marxista da interdependência de teoria e práxis, pela qual o chefe revolucionário é também o mestre da ideologia, o criador ou o intérprete da doutrina.

2 Os intelectuais exercem sua influência sobre o poder estando fora dele, elaborando propostas que poderão ou não ser acolhidas, mas que eles próprios consideram úteis para melhorar as relações de convivência presididas pela atividade política, ou fornecendo informações históricas, econômicas e técnicas aos políticos para facilitar as suas deliberações ou para torná-las menos casuais e arbitrárias. Pode-se dar o exemplo dos socialistas fabianos na Inglaterra e do *brain trust* de Roosevelt nos Estados Unidos. Esses exemplos podem ser multiplicados: os partidos e os ministérios têm seus centros de estudos, os chefes de Estado têm os seus conselheiros. Trata-se daqueles intelectuais que Chomsky chamou pejorativamente de novos mandarins. Quanto mais os problemas políticos se tornam complicados, quanto mais o Estado assume tarefas que requerem conhecimentos técnicos cada vez mais especializados, como aquelas relacionadas à política econômica, essa função do intelectual torna-se sempre mais indispensável.

3 Os intelectuais desempenham a função de legitimar o poder constituído. Coser dá o exemplo dos *idéologues* com respeito a Napoleão, e de todos os assim chamados "porta-vozes" dos regimes ditatoriais e totalitários, cuja tarefa principal é a de usar a própria razão para sentenciar que o chefe [*il duce*] tem sempre razão, o que é, na verdade, um modo de usar a razão para demonstrar que raciocinar não serve para nada.

4 Os intelectuais adotam uma postura constante de crítica do poder, são por vocação os antagonistas do poder, seja qual for a forma assumida pelo poder, porque o poder – sob qualquer forma – é instrumento de opressão, de não liberdade, de domínio cego e arbitrário, é por definição

OS INTELECTUAIS E O PODER

obtuso (inimigo da inteligência) e despótico (inimigo da liberdade). Os exemplos estão presentes na mente de todos, sobretudo hoje que é universal o eco do dissenso nos países do Leste europeu.

A rigor, para completar essa tipologia, seria também necessário levar em conta um quinto tipo de relação entre intelectuais e poder, ainda que se trate de uma relação completamente negativa: nela entram aqueles intelectuais que consideram não ter nada a ver com os eventos da *pólis*, já que esses eventos pertencem a uma esfera completamente diversa daquela em que eles se movimentam, na medida em que o seu reino não é deste mundo, e uma vez que deram a César o que é de César como cidadãos, sua tarefa passa a ser, como intelectuais, a de dar a Deus o que é de Deus.

O limite de uma tipologia desse gênero está no fato de que ela trata a relação dos intelectuais com o poder político como se fosse o único aspecto do problema da relação entre intelectuais e política. A uma tipologia desse gênero escapa precisamente aquilo que chamei de *política da cultura*, isto é, a dimensão política da cultura como tal, independentemente do diverso modo pelo qual o intelectual estabelece uma relação com o poder político. Quando falo de uma dimensão política da cultura pretendo falar de uma política diversa da política dos políticos – da assim chamada política ordinária –, de uma ação que porém entra em uma concepção ampla da política, entendida como atividade dedicada à formação e à transformação da vida dos homens. Não existe apenas a política dos políticos. Se existisse apenas a política dos políticos, não haveria lugar para os grandes debates de ideias, para o momento da utopia (aqui entendida no sentido mais lato de reflexão sobre os problemas da convivência não imediatamente práticos, embora praticáveis), que todavia contribui para mudar o mundo (e não só para compreendê-lo e interpretá-lo), ainda que em tempos mais longos, em prazos que escapam a quem vive no e para o cotidiano.

Naturalmente, uma posição desse gênero, na qual eu creio firmemente, pressupõe o princípio da *autonomia da cultura*, ou ao menos de uma *autonomia* relativa da cultura. Falar de autonomia relativa não quer dizer de modo algum que cultura e política não se encontrem; quer dizer que se encontram e quase se identificam em alguns momentos particularmente dramáticos da história, como são os períodos revolucionários, mas seguem cada uma a sua própria estrada – e é bom que assim seja –

em momentos de lenta, longa e incerta transição. Que existam momentos em que a distinção não é possível, a nossa geração, que teve de atravessar o grande incêndio da Resistência, sabe muito bem. Não preciso repetir mais uma vez as estupendas palavras usadas por Giaime Pintor, o refinado tradutor de Rilke, antes de se envolver no empreendimento que o conduziu à morte: "Músicos e escritores devemos renunciar a nossos privilégios para contribuir para a libertação de todos. Contrariamente ao que afirma uma frase célebre, as revoluções acontecem quando são preparadas pelos poetas e pelos pintores, mas desde que os poetas e os pintores saibam de que lado devem estar". Mas a história sempre põe os poetas e os pintores em condições de saber de que lado devem estar? Repito, existem momentos em que as escolhas são ou parecem ser muito claras. Recordo as palavras apaixonadas, amarguradas mas resolutas, pronunciadas por Aleksandr Blok em janeiro de 1918, extraídas da coletânea de seus ensaios intitulada *L'intelligencija e la rivoluzione* [*A intelligentsia e a revolução*] (Adelphi, 1978): são um apelo aos intelectuais para que se ponham do lado da revolução, pois a sua tarefa é a de não serem táticos e "escutarem a música do futuro", um apelo que contém expressões exaltadoras como essa: "Vale a pena viver para fazer à vida exigências desmesuradas: tudo ou nada". Tudo ou nada: eis a fórmula em que se exprime a opção radical, o "ou-ou" [*aut-aut*] que não deixa espaço à meditação, à síntese, ao "colocar-se acima", nem sequer à dúvida metódica, à reflexão, ao distanciamento crítico, que geralmente é o que o mundo espera do homem de razão.

Existem momentos, portanto, em que os lados são claros. Mas, retornando à experiência da nossa geração, alguns anos após as memoráveis palavras de Giaime Pintor, diante da tragédia da guerra fria que punha um contra o outro, não a virtude e o furor, mas dois furores iguais e contrários, será que estava claro qual era o lado justo? Foi precisamente então que a Sociedade Europeia de Cultura reuniu intelectuais de vários países que, não tendo aceito a separação do mundo em dois lados opostos, recusaram-se a ficar, como exigia a grande política dos Estados, deste ou daquele lado, e exigiram o direito de contrapor ao "*ou-ou*" imposto pela política ordinária o "*e-e*", que apenas permitia lançar uma ponte sobre o abismo, de contrapor ao "*não-não*" daqueles que veem apenas a razão da própria oposição o "*sim-sim*" daqueles que olham – desprovidos de ódios raciais ou tribais ou mesmo apenas pessoais – mais para aquilo que pode unir os homens através das fronteiras do que para

OS INTELECTUAIS E O PODER

aquilo que os divide. Não há melhor comentário a essa atitude do que as palavras de Campagnolo:

> Com a fórmula *sim-sim* desejamos expressar a nossa vontade de resistir à tendência que certos homens de cultura têm de sacrificar a cultura às exigências da política ordinária, a nossa vontade de impedir que as forças do espírito traiam a sua função e a sua missão; desejamos chamar a atenção para o fato de que há um modo de conceber a liberdade da cultura que é perigoso para essa liberdade, isto é, para a autonomia da cultura e para a fidelidade a si mesma. O nosso duplo sim nós não o opusemos ao duplo não como se desejássemos dizer sim para tudo ... O nosso duplo sim quer ser uma refutação categórica oposta ao sim e ao não, ao conosco e ao contra nós ... Não temos outro não a pronunciar senão aquele que se opõe à traição da cultura.

Ou então:

> a política da cultura visa a tornar possível a realização da síntese política. É preciso portanto ver nela um princípio de unidade e de amizade, diferentemente da política ordinária, da qual se diz com alguma razão que está fundada sobre a divisão e a rivalidade ... Sua tarefa é impedir que a política ordinária se enrijeça em suas reivindicações e que a violência se torne inevitável...

A política da cultura inspira-se em um determinado modo de entender a relação entre política e cultura, e, portanto, a função dos intelectuais, pois tem um modo específico de entender a política e de delimitar a esfera da política (falo da política ordinária) e respectivamente da cultura, que tem, deve ter, a sua própria política, afastando de si o intelectual que imagina que a política a ser por ele desenvolvida como intelectual resolve-se imediatamente naquela que ele julga poder desenvolver como cidadão. A política não é tudo. Quem acredita que a política é tudo, como crê o homem do tudo ou nada, já está no caminho daquela politicização ou estatalização integral da vida em que consiste o Estado totalitário. Dão conta disso hoje em dia até mesmo grande parte daqueles movimentos de juventude que haviam acreditado poder resolver toda a dimensão humana na dimensão política. Só quem acredita que a política não é tudo chega a se convencer de que a cultura desenvolve uma ação a longo prazo que também é política, mas de uma política diversa. A política ordinária, agrade ou não, é a esfera das relações humanas em que se exerce a vontade de potência, ainda que aqueles que a exercem creiam que a sua potência – não a dos outros, claro – tem o bem como finalidade. Encontramos exemplos disso todos os dias. De resto, o que é a história dos conflitos políticos que ensanguentaram a história humana senão a história de classes dominantes que esmagam as classes dominadas e outras classes dominantes, em uma cadeia sem fim da qual conhecemos o primeiro anel – Caim que mata Abel – mas não temos condições de prever o último (Caim que matando Abel acabará por matar a si mesmo?). Só quem acredita em uma outra história – e acredita nela porque a vê correr paralelamente à história da vontade de potência –, pode conceber uma tarefa da cultura diversa da tarefa de servir aos potentes para torná-los mais potentes ou da tarefa igualmente estéril de se afastar e de falar consigo mesmo. Eu pessoalmente creio, sempre acreditei, nessa outra história.

Para concluir, gostaria de eliminar a impressão de que na fala que fiz – que nós continuamente fazemos – sobre os intelectuais exista uma postura de presunção. Não, apenas menciono o que é, o que sempre foi. Penso que uma das tarefas do intelectual – que até agora foi um privilegiado – é a de dar sua própria contribuição ao advento de uma sociedade na qual a distinção entre intelectuais e não intelectuais não tenha mais razão de ser. *Esse é o problema.*

INTELECTUAIS

Um velho problema

O nome é relativamente recente, mas o tema é antigo. De fato, o tema é habitualmente introduzido quando se pretende falar do problema da incidência (ou da falta de incidência) das ideias sobre a conduta dos homens em sociedade, e em especial dos governantes presentes ou futuros, com particular referência a um sujeito específico ou mais precisamente a um conjunto de sujeitos específicos, considerados como criadores, portadores, transmissores de ideias, que desde há um século são normalmente chamados de "intelectuais".

Ao menos desde a *República* de Platão os filósofos sempre se ocuparam e se preocuparam, ainda que sob denominações diversas, com o que fazem ou devem fazer os filósofos, isto é, eles próprios, na sociedade, com a influência que têm ou devem ter nas relações sociais para que essas relações não sejam abandonadas à cegueira do acaso ou ao arbítrio da vontade igualmente cega do mais forte. Em dois trechos célebres de Platão e de Kant são expressas, com respeito a esse problema, duas posições antitéticas, que podem ser consideradas como paradigmáticas e que demonstram, ao mesmo tempo, a antiguidade e a perenidade do tema. Platão:

A menos que nos Estados os filósofos se tornem reis, ou que aqueles que hoje se dizem reis e soberanos se tornem verdadeiros e sérios filósofos, e que se vejam reunidos em um único indivíduo o poder político e a filosofia, a menos que, de outra parte, sejam excluídos do governo aqueles muitos que hoje tendem a uma ou a outra dessas vocações separadamente, não haverá remédio algum para os males que afligem e devastam os Estados e a própria humanidade.[1]

Já Kant, embora faça uma referência tácita, mas clara, à passagem platônica, irá em direção oposta:

> Não se deve esperar que os reis filosofem ou se tornem filósofos, nem mesmo desejar isso, pois a posse da força corrompe inevitavelmente o livre juízo da razão. Mas que reis ou povos soberanos ... não deixem desaparecer ou não reduzam ao silêncio a classe dos filósofos, mas a deixem se expressar publicamente, isso é indispensável a uns e a outros para que possam ter clareza sobre seus próprios negócios. E desde que essa classe, por sua natureza, é imune ao espírito faccioso e é incapaz de conspirar, não pode ser suspeita de fazer propaganda.[2]

O tema é antigo e perene porque, bem vistas as coisas, ele nada mais é do que um aspecto de um dos problemas centrais da filosofia, o da relação entre teoria e práxis (ou entre pensamento e ação), ou, em termos ainda mais gerais e filosoficamente ainda mais tradicionais, entre razão e vontade, quando tratado do ponto de vista daqueles que, a partir de um determinado período histórico e em determinadas circunstâncias de tempo e espaço, são considerados os sujeitos a quem se atribui de fato ou de direito a tarefa específica de elaborar e transmitir conhecimentos, teorias, doutrinas, ideologias, concepções do mundo ou simples opiniões, que acabam por constituir as ideias ou os sistemas de ideias de uma determinada época e de uma determinada sociedade. Que esses sujeitos históricos sejam prevalentemente chamados "intelectuais" apenas há cerca de um século, não deve obscurecer o fato de que sempre existiram os temas que são postos em discussão quando se discute o problema dos intelectuais, quer esses sujeitos tenham sido chamados, segundo os

---

1 A *República*, 473 c-d. Ed. brasileira: Hemus, 1970, p.150

2 Per la pace perpetua, em *Scritti politici*, Torino, 1956, p.316. [Ed. bras. *À paz perpétua*. Trad. Marco A. Zingano. Porto Alegre: L&PM, 1989.]

OS INTELECTUAIS E O PODER

tempos e as sociedades, de sábios, sapientes, doutos, *philosophes*, *clercs*, *hommes de lettres*, literatos etc. Pense-se, para dar alguns exemplos, em quanto o tradicional tema da superioridade da vida contemplativa sobre a vida ativa (cujo tratamento clássico nos é oferecido pelo livro décimo da *Ética a Nicômaco* de Aristóteles) esteve concentrado na disputa muitas vezes envenenada sobre a figura do intelectual que se refugia na chamada "torre de marfim"; ou em qual e quanta continuidade existe entre a figura, recorrente em todos os séculos, do filósofo ou do sábio educador do príncipe (da *Sétima carta* de Platão ao *Institutio principis christiani* de Erasmo) e a hodierna figura do intelectual que considera ser sua tarefa principal contribuir com conselhos competentes para a conduta do bom governo; ou na estreita analogia existente entre o antigo ideal da filosofia que deve dirigir o mundo e o ideal positivista (sansimoniano e depois comtiano) do governo dos cientistas (a filosofia da terceira era).

Não é fora de propósito recordar que as várias atitudes que os intelectuais podem assumir diante da tarefa que deles se espera na vida social – atitudes que suscitam contínuas diatribes e formam o objeto principal do assim chamado problema dos intelectuais – correspondem exatamente aos vários modos pelos quais, ao longo dos séculos, as diversas escolas filosóficas procuraram dar uma solução para o problema da relação entre as obras do intelecto, da mente ou do espírito e o mundo das ações: tal problema, considerado do ponto de vista dos sujeitos respectivamente de umas e de outras, pode ser reformulado, para usar uma frase celebérrima, como o problema da relação entre aqueles que são são chamados para compreender ou interpretar o mundo e aqueles que são chamados para transformá-lo. À tese do primado da inteligência sobre a ação (ou da razão sobre a vontade) – no princípio era a palavra [*il logo*] – corresponde a tese, muitas vezes etiquetada, com intenções polêmicas, como idealista ou, não por acaso, como "intelectualista", segundo a qual os intelectuais são o sal da terra, o fermento da história, os promotores do progresso civil e assim por diante, donde uma sociedade poderia ser julgada pelo lugar que atribui, ou pela posição que concede, ou pelos privilégios que permite (o da liberdade de expressão antes de mais nada) aos próprios senhores das ideias. À tese contrária do primado da vontade ou da ação – no princípio era o ato – corresponde a tese, não por acaso dita anti-intelectualista, segundo a qual os intelectuais não contam nada ou são considerados chatos, que o poder político faz muito bem em manter nos guetos dourados das universidades ou das academias, para que incomodem o menos possível.

Para usar a linguagem marxista tornada de domínio público, é claro que o posto dos intelectuais na sociedade é diverso segundo se considere que é a consciência que determina o ser ou o ser que determina a consciência, ou, em outros termos, que a esfera das ideias é determinante ou determinada, é uma força propulsora ou uma simples superestrutura: segundo, em substância, se aceite uma concepção idealista ou materialista do devir histórico. Quando Theodore Geiger, em seu livro *Aufgaben und Stellung der Intelligenz in der Gesellschaft* (1949), resume as diversas a titudes possíveis dos intelectuais com respeito ao poder em quatro tipos – a) primado do espírito sobre o poder; b) subordinação do espírito ao poder; c) mediação entre espírito e poder; d) crítica do poder – ele, na verdade, está repetindo, talvez sem se dar conta disso, quatro teorias filosóficas fundamentais quanto ao tema da relação entre a razão inteligente e a vontade deliberante: a razão dirige e a vontade segue; a vontade delibera e a razão justifica; razão e vontade se referem uma à outra em uma relação de interdependência recíproca; a razão tem uma função crítica e não constitutiva (que é a posição por meio da qual entra na história das ideias o kantismo como criticismo).

De forma mais específica, o problema dos intelectuais é o problema da relação entre os intelectuais – com tudo o que representam de ideias, opiniões, visões do mundo, programas de vida, obras de arte, do engenho, da ciência – e o poder (quer dizer, o poder político). Desde que por intermédio de suas obras os intelectuais também exercem um poder, ainda que mediante a persuasão e não a coação, nas formas extremas de manipulação ou de falsificação dos fatos por meio de uma violência psicológica, que é sempre diversa da violência física a que o poder político recorre em última instância, a relação entre intelectuais e poder pode muito bem ser configurada como relação entre duas diferentes formas de poder, para usar termos conhecidos e para mostrar, ainda uma vez, a antiguidade e a continuidade do problema entre poder espiritual e poder temporal. No livro *Men of Ideas*, de 1965, L. A. Coser agrupa nas quatro posições seguintes essa relação:

a) os próprios intelectuais estão no poder, situação rara da qual os jacobinos e os bolcheviques seriam exemplos históricos significativos;

OS INTELECTUAIS E O PODER

b) os intelectuais procuram influir sobre o poder estando fora dele, como fizeram os fabianos na Inglaterra ou o *brain trust* de Roosevelt nos Estados Unidos;

c) os intelectuais não se propõem nenhuma outra tarefa que não a de legitimar o poder, como os *idéologues* com respeito a Napoleão ou, para dar exemplos próximos a nós, todos aqueles que nos regimes totalitários contribuem com escritos e discursos para a chamada fábrica do consenso;

d) os intelectuais combatem permanentemente o poder, são por vocação (veja-se a quarta categoria de Geiger) os críticos do poder, sendo um exemplo histórico relevante, na Rússia, tanto os intelectuais radicais do século XIX como os chamados intelectuais do "dissenso" de hoje.

É preciso também levar em conta uma quinta categoria, a daqueles intelectuais que não pretendem ter nenhuma relação com o poder, na medida em que consideram que o seu reino não é deste mundo e creem que, uma vez que deram a César o que é de César como cidadãos da cidade terrena, sua tarefa passa a ser, como intelectuais, a de dar a Deus o que é de Deus.

Também com respeito a esses agrupamentos podem ser repetidas coisas já ditas sobre a relação entre teoria e práxis: o primeiro exprime e encarna a tese, predominante na tradição do pensamento marxista, da identidade de teoria e práxis, no sentido de que apenas o grande intelectual pode ser um grande político e vice-versa (Lenin e Mao ensinam); o segundo e o terceiro exprimem a tese da separação, mas não da contraposição, operando porém com termos invertidos, segundo se retenha que a prática deva verificar a teoria ou a teoria sirva para confirmar a prática (pense-se nas ideologias no sentido marxiano ou nas "derivações" no sentido paretiano, e em geral na função de pura e simples "racionalização" do acontecido que algumas concepções consideram caber à teoria); o quarto e o quinto representam a tese da separação e simultaneamente da contraposição, se bem que em termos diversos, enquanto o intelectual se considere um antagonista do poder ou um protagonista de uma história completamente diversa; em outras palavras, enquanto se considere mais como um dissuasor do que um persuasor, um provocador de dissenso mais que de consenso, em uma função contrária à do legitimador, ou como legitimador de outros soberanos e de outros impérios.

Quem são os intelectuais

Jamais se insistirá o suficiente sobre o nexo relativamente recente entre o tema dos intelectuais e o problema antiquíssimo da relação entre teoria e práxis, entre cultura e política, entre o domínio das ideias e o puro domínio, pois é efetivamente incrível o quanto está perpetuada, nas discussões sempre apaixonadas e muitas vezes acrimoniosas sobre o problema dos intelectuais, a confusão entre o significado do substantivo, o único a ser tomado em consideração, e o significado do adjetivo, em expressões como trabalho intelectual, contraposto a trabalho manual, ou profissões intelectuais, contrapostas à atividade do artesão ou à não profissionalidade do operário de uma fábrica moderna etc. Todas as vezes que vem à discussão a tarefa dos intelectuais na sociedade, com todos os problemas conexos, entre os quais se destaca o de saber se eles são uma camada ou uma classe, se têm uma função específica e qual é ela, há sempre alguém que, acreditando falar do mesmo assunto, introduz o discurso sobre a divisão entre trabalho manual e trabalho intelectual, sobre a progressiva extensão do segundo com respeito ao primeiro, sobre a desocupação intelectual, sobre a proletarização dos intelectuais, ou, de um modo mais correto, sobre a proletarização das camadas médias, e assim por diante. Diga-se de uma vez por todas que qualquer que seja a extensão, maior ou menor, que se atribua ao conceito de intelectual (como substantivo) – segundo nele se compreendam apenas aqueles que fazem obra de produção artística, literária ou científica, ou também aqueles que transmitem o patrimônio cultural adquirido, ou aplicam invenções e descobertas feitas por outros, os criadores ou os comentadores, ou, para usar a distinção weberiana, os profetas, aqueles que anunciam a mensagem, ou os sacerdotes, aqueles que a transmitem –, as duas categorias (os intelectuais e os que exercem um trabalho intelectual) não coincidem e, sobretudo os problemas que a elas dizem respeito, são profundamente diversos. Não coincidem porque, se é verdade que um intelectual desenvolve um trabalho não manual, é também verdade que nem todos os que desenvolvem trabalho não manual são intelectuais. O que caracteriza o intelectual não é tanto o tipo de trabalho, mas a função: um operário que também desenvolva obra de propaganda sindical ou política pode ser considerado um intelectual, ou pelo menos os problemas éticos e cognoscitivos da sua obra de agitador são os mesmos que caracterizam

OS INTELECTUAIS E O PODER

ferozes: e naturalmente entre essas acusações está também a do não pertencimento à categoria. Se se devesse julgar quem são os intelectuais não com base no significado descritivo do termo, mas com base no significado emotivo, e portanto no ideal de intelectual que todo grupo se propõe e com base no qual exclui todos os demais, a classe lógica dos intelectuais acabaria por ser, pelos sucessivos esforços para retirar dela uma parte para satisfazer uns e uma outra parte para satisfazer outros, uma classe vazia. Além do mais, a razão pela qual é conveniente o uso neutro do termo é que, independentemente do juízo de valor segundo o qual existem intelectuais bons para uns e maus para outros, os problemas da incidência das batalhas de ideias no desenvolvimento de uma determinada sociedade são comuns a uns e a outros.

Ao contrário, não convém restringir a categoria, como costuma acontecer, apenas aos chamados "grandes intelectuais", aqueles que, aproveitando o título do exitoso livro de A. Glucksmann, podem ser chamados de *maîtres penseurs*, que são os Fichte, os Hegel, os Marx, os Nietzsche. Em uma história dos intelectuais (como a de A. M. Jacobelli Isoldi, *L'intellettuale a Delfi. Alla ricerca della propria identità*. Roma, Bulzoni, 1976), é lícito concentrar o foco da pesquisa prevalentemente nos protagonistas, sejam eles Erasmo ou Maquiavel, Kant ou Hegel, Fichte ou Schopenhauer, Kierkegaard ou Nietzsche, Lenin ou Gramsci. Mas quando se enfrenta o problema em geral do posto dos intelectuais na sociedade, não se deve esquecer que esse debate diz respeito também aos medíocres e aos pequenos intelectuais, tanto mais que hoje os grandes intelectuais são uma raça em extinção: na Itália não existem mais nem Croce nem Gentile; no mundo não existem mais Bergson e Husserl, Dewey ou Russell, Lukács ou Jaspers. O último oráculo foi Heidegger. Sobrevive Sartre,[3] que entre os escritores do nosso tempo é certamente aquele que mais conseguiu chamar a atenção. Mas é um *maître penseur*? Escritor genial e versátil, filósofo, literato, romancista, dramaturgo, imolou o próprio gênio ao ídolo do *engagement* a todo custo, mesmo a custo da coerência e da ponderação, desperdiçou a própria vitalidade excepcional na obsessão da presença contínua; entre marxismo e existencialismo, entre comunismo e liberdade, revelou uma ambiguidade de

---

3 O filósofo francês Jean-Paul Sartre morreu em 1980, pouco tempo depois de Bobbio ter redigido e publicado o presente ensaio, que é de 1978. (N. T.)

fundo que terminou por condená-lo à solidão. Outros escritores ou filósofos apareceram e desapareceram como meteoros: o caso mais típico é Marcuse. As comunicações de massa em sua intrínseca volubilidade dão em extensão aquilo que tiram em duração: no lugar dos "25 leitores", de que falava Manzoni, que se renovam por um século, os leitores de livro de hoje talvez sejam cem mil, mas não duram mais que um ano.

Tipos de intelectuais

Definida a categoria, não tão ampla a ponto de compreender todos os trabalhadores não manuais, nem tão estreita a ponto de compreender apenas os protagonistas, torna-se possível introduzir algumas distinções e estabelecer uma tipologia. A distinção mais corrente e também a mais óbvia é a que se remete ao critério das "duas culturas": de um lado os humanistas, os literatos, os historiadores, de outro, os cientistas. Também aparece frequentemente a distinção entre intelectuais criativos ou inovadores e intelectuais receptivos ou repetitivos. Uma das classificações mais comumente mencionadas, mas também ela dilatada demais para ser útil, é a proposta por R. Aron em *L'opium des intellectuels*, de 1953 (para quem não sabe, este ópio é o comunismo): escribas, expertos e literatos. No contexto em que se movem as presentes páginas, creio que a distinção mais oportuna seja a entre "ideólogos" e "expertos", que corresponde aproximadamente, embora seja menos drástica, à distinção entre intelectuais-filósofos e intelectuais-técnicos, introduzida e amplamente ilustrada por G. P. Prandstraller em *L'intellettuale-tecnico e altri saggi* [O intelectual-técnico e outros sábios] (1972). Toda ação política, enquanto é ou pretende ser uma ação racional, necessita de ideias gerais a respeito dos fins a perseguir, que chamo de "princípios", mas poderia também chamar de "valores", "idealidade", "visões do mundo", e de conhecimentos científicos e técnicos necessários para alcançar os fins estabelecidos. Por "ideólogos" entendo os que fornecem princípios-guia, por "expertos", aqueles que fornecem conhecimentos-meio. A diferença entre uns e outros pode ser interpretada mediante a distinção weberiana entre ações racionais, segundo os valores, e ações racionais, segundo os fins. Os ideólogos são aqueles que elaboram os princípios com base nos quais uma ação diz-se racional por estar conforme a certos valores

OS INTELECTUAIS E O PODER

propostos como fins a perseguir; os expertos são aqueles que, sugerindo os conhecimentos mais adequados para o alcance de um determinado fim, fazem que a ação que a isso se conforma possa apresentar-se como uma ação racional segundo os fins. A discussão clássica sobre a melhor forma de governo é uma típica discussão de caráter ideológico; uma discussão sobre a maior ou menor oportunidade de construir centrais nucleares para o desenvolvimento da energia em um determinado país é uma típica discussão para expertos. Como sempre, também nesse caso a realidade social é mais complicada do que as categorias que empregamos para dominá-la mentalmente: não há ideólogo que não peça socorro a conhecimentos técnicos para elaborar os seus princípios, não há experto que não deva ter alguma ideia dos fins para dar um sentido às suas análises. O utopista, todo imerso na construção da cidade ideal, e o puro técnico, fechado no próprio laboratório como os ratos dos próprios experimentos, são dois casos-limite. Mas são precisamente os casos-limite que nos permitem dar conta da utilidade da distinção. De resto, esses dois casos-limite são muito bem representados pela antítese, tão violenta diante de nossos olhos, entre o renascimento do utopismo de um lado, que representa a sublimação das ideologias em estado puro, e a declaração do fim das ideologias, que representa o triunfo do puro tecnicismo. Contra a tecnocracia, que é o paraíso dos técnicos, está a acracia, que é o paraíso dos utopistas.

Toda sociedade em qualquer época teve os seus intelectuais, ou mais precisamente um grupo mais ou menos extenso de indivíduos que exerce o poder espiritual ou ideológico contraposto ao poder temporal ou político, isto é, um grupo de indivíduos que corresponde, pela função que desempenha, àqueles que hoje chamamos de intelectuais. Um dos critérios para distinguir vários tipos de sociedades organizadas pode ser o do maior ou menor poder dos intelectuais com respeito aos outros grupos sociais: em um extremo, acham-se as sociedades reais ou ideais nas quais os intelectuais estão no poder e para as quais foram cunhadas diversas expressões, como hierocracia, clerocracia, sofocracia, ideocracia, logocracia; em outro extremo, sociedades nas quais o "princípio" (no sentido de Montesquieu) que as faz moverem-se é adverso à inteligência, como a plutocracia (domínio da riqueza), a bancocracia (termo introduzido no início do século passado nos ambientes sansimonianos, para destacar a importância crescente do poder dos bancos), a estrateocracia (termo usado por Carl Schmitt para indicar o governo dos militares), a onagrocracia (ou governo dos asnos, termo usado ironicamente por Croce para satirizar a ignorância dos hierarcas fascistas). Mas por mais que toda sociedade em qualquer época tenha em seu seio os representantes daquele poder que, diferentemente do poder econômico e do poder político, se exerce com a palavra e, mais em geral, por signos e símbolos, hoje, quando falamos de intelectuais, referimo-nos a um fenômeno característico do mundo moderno, no qual ocorreu a separação da ciência mundana, primeiro voltada para a natureza e depois voltada para o homem e a sociedade, da ciência divina, aquele processo de secularização que Weber chamou de "desencanto". Não se pode dissociar o significado de "intelectual" do significado de "intelecto" ou de "inteligência", e portanto do uso prevalente de operações mentais e de instrumentos de investigação que têm alguma relação com o desenvolvimento da ciência. Seria forçado, portanto, introduzir no conceito atual os depositários da sapiência oculta das sociedades primitivas ou em geral os sacerdotes das sociedades religiosas. Podem ser assimilados uns e outros pelas funções que exercem e ainda porque ocorre com frequência que o exercício da razão seja substituído pelo culto da razão e os seus cultores comportem-se como sacerdotes; mas a diferença com respeito à forma do saber, com base na qual uns e outros atingem os seus símbolos e portanto o seu poder, permanece e não pode ser cancelada sem que se incorra em uma perigosa contaminação.

Já se disse repetidas vezes que o precedente mais convincente dos intelectuais de hoje são os *philosophes* do século XVIII. Mas é preciso acrescentar que o aumento daqueles que vivem não apenas pelas ideias, mas também de ideias, deveu-se à invenção da imprensa e à facilidade com que as mensagens transmissíveis por meio das palavras podem ser multiplicadas e difundidas. A Reforma, as guerras religiosas, a revolução inglesa desencadearam a produção e a difusão de uma miríade de escritos que nas épocas precedentes teria sido impossível imaginar. Nas cidades gregas a força das ideias revelava-se por meio da palavra: a figura típica do intelectual era o orador, o retórico, o demagogo. Após a invenção da imprensa, a figura típica do intelectual passa a ser o escritor, o autor de livros, de libelos, e depois de artigos para revistas e jornais, de volantes, de manifestos, de cartas públicas, ao qual corresponde a contrafigura do escrevinhador [*pennivendolo*] ou do escrevedor [*pennaiolo*]. Para Kant, o Iluminismo entendido como a saída do homem do estado de menoridade está estreitamente conectado com o "uso público da própria razão", por

OS INTELECTUAIS E O PODER

sua vez entendido como o uso que dela faz um escritor diante "do inteiro público dos leitores". Se é verdade que hoje, através do rádio e da televisão, alargou-se enormemente o espaço e portanto a influência da palavra dita (sem porém que diminua a da palavra escrita), a característica principal da moderna camada dos intelectuais está associada à formação de uma sempre mais vasta opinião pública por intermédio da imprensa, tanto que o fenômeno da opinião pública e o fenômeno da camada dos intelectuais no sentido moderno da palavra nascem simultaneamente, e a acrescida influência destes avalia-se habitualmente pela formação de um público sempre mais amplo em condições de exprimir e fazer valer a própria opinião. Para que se dê conta da novidade representada pelos *philosophes* bastam dois testemunhos: nas últimas páginas das suas *Lezioni sulla filosofia della storia* [*Lições de filosofia da história*], Hegel diz a propósito do Iluminismo que "desde que o Sol brilha no firmamento e os planetas giram em torno do Sol, não se havia ainda visto que o homem se baseia sobre sua cabeça, isto é, sobre o pensamento, e constrói a realidade conforme o pensamento". Em *L'Ancien Régime et la Révolution*, Tocqueville escreveu as célebres páginas em que mostra "como, em meados do século XVIII, os escritores tornaram-se os mais eminentes homens políticos do país e quais os efeitos que disto resultaram" (Livro III, cap.I). Que estes efeitos tenham sido considerados deletérios por Tocqueville não elimina que aqueles escritores, precisamente pela influência que tiveram ou que a eles foi atribuída tanto para o bem como para o mal, acabaram por se converter no mais persistente e mais atraente modelo ideal dos intelectuais na sua relação com o poder.

A origem do nome

Se o problema é antigo, o nome é relativamente recente: procura-se quase sempre associá-lo ao russo *intelligentsia*, que se tornou uma palavra da linguagem comum italiana, incluída nos dicionários. É usada normalmente para designar o conjunto dos intelectuais como grupo, camada, categoria ou classe social (segundo as diversas interpretações) que tem uma função específica própria e um papel específico próprio na sociedade, apesar de ter perdido em boa parte o significado originário. No particular contexto da história da Rússia pré-revolucionária, de fato, o termo, usado, ao que tudo indica, pela primeira vez, pelo romancista Boborykin e difundido nos últimos decênios do século XIX, significava o conjunto (não necessariamente constituindo um grupo homogêneo) dos livres-pensadores – que iniciaram, promoveram e ao fim fizeram explodir o processo de crítica da autocracia czarista e, em geral, das condições de atraso da sociedade russa (não diversamente do que acontece hoje por obra dos chamados "dissidentes" no universo soviético), até a eclosão da Revolução. Desta origem, o termo "intelectuais" (usado geralmente no plural, como nome coletivo), diferentemente de outros termos muitas vezes usados como sinônimos, derivou para o significado (ainda hoje não eliminado de todo) de antagonista do poder, ou pelo menos de conjunto de pessoas que se põem, na medida em que adquirem consciência de si mesmas como camada com funções e prerrogativas próprias, em uma posição de separação crítica de toda forma de domínio exercido exclusivamente com meios coercitivos, e que tendem a propor o domínio das ideias – por uma ação de iluminação, de esclarecimento (de *Aufklärung*, no sentido originário da palavra) – em substituição ao domínio dos instrumentos tradicionais do poder do homem sobre o homem; e portanto, em última instância, a transformar a sociedade existente, considerada distante demais da sociedade tal qual deveria existir. Para citar o caso mais comum desses sinônimos, "homem de cultura" tem um significado mais genérico e menos ligado à temática da relação teoria–práxis, e chegou mesmo a assumir recentemente, na expressão "classe dos cultos", uma conotação pejorativa, essencialmente irônica, precisamente do ponto de vista desta relação.

Na história do termo e da temática, adquiriu particular importância o ensaio já recordado de Kautsky sobre a *intelligentsia* e a social-democracia, surgido no final do século passado: retomando o tema da função crítica dos intelectuais diante do poder dominante e da classe no poder, Kautsky dá ao problema da relação entre os intelectuais, considerados camada distinta das demais, e as classes subalternas uma solução destinada a um vasto e sempre reposto debate no âmbito do movimento operário: desde que os intelectuais não têm, como tais, nenhum interesse na exploração capitalista, devem ser considerados os melhores aliados dos operários e dos camponeses; enquanto possuidores dos instrumentos de análise e de crítica da sociedade, e portanto do monopólio do saber em uma sociedade dividida em classes e com uma clara divisão entre trabalho manual e trabalho intelectual, desenvolvem uma função insubs-

OS INTELECTUAIS E O PODER

tituível, sendo por isso tarefa da social-democracia atraí-los de modo a subtraí-los do influxo da burguesia. Alguns anos depois, a propósito do projeto de um novo programa do Partido Social-Democrático Austríaco (1901), Kautsky sustenta a tese, tornada célebre porque acolhida por Lenin no *Che fare* [*Que fazer?*], segundo a qual deve-se considerar completamente falso que a consciência socialista seja o produto necessário e direto da luta de classe do proletariado, pois essa consciência, ao contrário, só pode surgir com base em profundos conhecimentos científicos, patrimônio exclusivo dos intelectuais, razão pela qual "a consciência socialista é um elemento importado do exterior pela luta de classe do proletariado, e não algo que surja espontaneamente desta". Modificado o sujeito histórico, não mais o príncipe mas o proletariado (cujo partido será o "moderno príncipe" de Gramsci), não mudara a tarefa pedagógica do homem de ciência e de estudos, que continuava a ser a de iluminar o governante. Não é o caso de recordar a disputa em torno da tese que passou à história como a tese leniniana da consciência socialista levada ao movimento operário pelos intelectuais, duramente criticada por Plekhanov, que a acusou de idealismo. Para o discurso que aqui estou fazendo sobre o tema dos intelectuais na sociedade moderna, basta recordar que àquela tese está conectada a interpretação polêmica da Revolução Russa como revolução de intelectuais (mais especificamente, de intelectuais sem classe, alienados, marginalizados etc.).

Quando em 14 de janeiro de 1898 aparece em Paris, no jornal *L'aurore*, o "Manifeste des intellectuales", assinado por ilustres escritores como Zola, Anatole France, Proust, por ocasião do *affaire* Dreyfus, o novo termo já está incorporado e aceito (ainda polemicamente) na acepção até hoje corrente: trata-se precisamente de um grupo de homens não políticos, conhecidos por sua atividade prevalentemente literária, que tomam posição como homens de letras com respeito a uma prevaricação do poder político, e combatem a razão de Estado em nome da razão sem outras especificações, defendendo a verdade da qual se consideram os depositários e os defensores contra a "mentira útil". Além disso, a tomada de posição é expressa na forma mais consonante com quem funda a própria dignidade e o próprio poder sobre a força das ideias, na forma de um protesto verbal, de um "manifesto", que se tornará um verdadeiro gênero literário e será tanto mais influente quanto mais for literariamente incisivo, factualmente documentado, logicamente bem argumentado. Não será inútil recordar que o autor de um dos livros mais famosos sobre o dever dos intelectuais, Julien Benda, iniciou sua vida de escritor por ocasião do *affaire*, escrevendo na *Revue Blanche* uma série de artigos – depois reunidos em seu primeiro livro, *Dialogues à Byzance* (1900) – nos quais, respondendo a Auguste Mercier que havia acusado os *dreyfusards* de se comportarem como os doutos bizantinos que debatiam o sexo dos anjos enquanto os turcos batiam a suas portas, escreve "*tout intellectuel contient en puissance un iconoclaste*",[4] um mote que na época de ferro do *entre deux guerres* será uma divisa para os que considerarão o apoio dado pelos intelectuais às paixões partidárias como o primeiro exemplo odioso de "traição dos clérigos". Também a acusação de bizantinismo será um dos traços recorrentes da polêmica contra os intelectuais que se põem fora do combate. Mas nesse caso quem estava verdadeiramente fora do combate? Aqueles que combatiam pelo triunfo da verdade e da justiça contra a verdade de Estado e contra a justiça do mais forte, ou aqueles que com o pretexto de não intervirem nos negócios do Estado lavavam as mãos e permitiam a difamação e a condenação de um inocente?

O intelectual revolucionário e o intelectual puro

Com a afirmação do intelectual revolucionário contra o poder constituído em nome de uma nova classe e pela instauração de uma nova sociedade, e com a afirmação do intelectual puro que luta contra o poder como tal em nome da verdade e da justiça, isto é, de valores absolutos (Croce falaria de "valores de cultura" contrapostos aos "valores empíricos"), eram propostos os dois temas fundamentais do papel do intelectual na sociedade, temas que frequentemente estarão em contraste entre si e representarão os dois polos do debate irresoluto (porque abstratamente irresolúvel) que chega aos nossos dias. Ambos os tipos, o intelectual revolucionário e o intelectual puro, têm em comum a consciência da importância do próprio papel na sociedade e da própria missão na história, donde seria possível falar – como se fala frequentemente, bem pesadas as coisas – do eterno iluminismo dos intelectuais, do seu

---

4 Em francês no original: "todo intelectual contém em potência um iconoclasta". (N. T.)

inconsciente idealismo: para o primeiro vale o princípio de que não se faz revolução sem uma teoria revolucionária e, em consequência, a revolução deve ocorrer antes nas ideias do que nos fatos; para o segundo, vale o princípio oposto de que a razão de Estado ou, o que é o mesmo, a razão de partido, de nação ou mesmo de classe não deve jamais prevalecer sobre as razões imprescritíveis da verdade e da justiça. Estão destinados a não se encontrarem, melhor ainda, a se chocarem, porque para o primeiro é verdade aquilo que serve à revolução, ao passo que, para o segundo, a verdade é por si mesma revolucionária. Qual o dever do intelectual? Servir à revolução ou à verdade? A contraposição entre um e outro revela-se também na diversidade do respectivo adversário, desde que um vê no outro o próprio adversário principal, se bem que o deformando. De fato, o principal antagonista do intelectual revolucionário é aquele que, por excesso de amor aos ideais abstratos de verdade e de justiça, não deseja "sujar as mãos" (mas as mãos sujas, as *mains sales* de Sartre, não estarão algumas vezes sujas de sangue?); assim como o maior adversário do intelectual puro é aquele que, por excessivo amor ao sucesso das próprias ideias, termina por prostrar-se ao demônio do poder.

A grande prova do intelectual puro

Não faltariam grandes ocasiões para que uns e outros fossem postos à prova. A prova dos intelectuais que defendem os valores absolutos foi a Grande Guerra que desencadeou a paixão nacional, uma paixão de tal intensidade que rompeu não só o *front* do internacionalismo proletário, mas também a universalidade de fato da *res publica* dos homens de cultura. Diante dos intelectuais que, esquecidos da sua missão universal, se alinharam com acrimônia de um lado ou de outro e contrapuseram a civilidade da própria nação à barbárie de uma outra, Romain Rolland, antigo *dreyfusard*, já célebre como romancista, escreve em setembro de 1914, pouco depois do início da guerra, *Au-dessus de la mêlée*, para exprimir o protesto daqueles que não se rendiam à eclosão do ódio suscitado pela guerra: denunciando a "monstruosa epopeia" da qual os "autores criminosos", os chefes de Estado, não têm a coragem de assumir a responsabilidade e atribuem-se a culpa uns aos outros, convida os homens de cultura a não comprometerem na propaganda de guerra "a integridade do próprio pensamento". Recorrendo ao *topos* clássico das duas cidades, a cidade terrena, da qual os homens de cultura são os hóspedes, e a cidade de Deus, da qual são os construtores, pede que à primeira se dê o próprio corpo, "mas nada daquilo que amamos – família, amigos, pátria – tem direito sobre o espírito", porque "o espírito é luz e o dever é de elevá-lo acima das tempestades e de afastar as nuvens que procuram obscurecê-lo". Fez eco a ele Benedetto Croce, que escreveu páginas de fogo contra os professores que se comportam como se fossem beligerantes, recordando que

> acima do dever para com a Pátria há o dever para com a Verdade, o qual compreende em si e justifica o outro, e distorcer a verdade e improvisar doutrinas não são serviços prestados à pátria mas desdouro feito à pátria, que deve poder contar com a verdade dos seus cientistas assim como com o pudor das suas mulheres.[5]

Que acima do dever para com a Pátria está o dever para com a Verdade é o tema central da mais conhecida obra publicada entre as duas guerras sobre o problema dos intelectuais: *La trahison des clercs*, de Benda. Para Benda, os intelectuais, os "clérigos", são, ou melhor, deveriam ser, aqueles que "procurando a satisfação no exercício da arte, da ciência ou da especulação metafísica, em resumo, na posse de um bem não temporal, dizem de algum modo: 'meu reino não é deste mundo'". E o que aconteceu agora? Aconteceu e está acontecendo sempre mais que os clérigos começaram a servir às paixões destinadas a triunfar neste mundo, e não cumprem mais seu dever, que é o de "sufocar o orgulho humano", passando, ao contrário, a exaltar arrogantemente "os mesmos sentimentos de quem guia os exércitos". O livro começa significativamente com a anedota do oficial que, vendo o outro oficial maltratar um soldado, lhe diz: "Mas você não leu o Evangelho?", ouvindo como resposta: "Mas você não leu o regulamento militar?". Pois bem, a tarefa do intelectual segundo Benda é a de recordar à humanidade que não existem apenas os regulamentos militares. Em 1925, escrevendo "Il Manifesto degli intellettuali antifascisti", para responder ao "Manifesto degli intellettuali fascisti" escrito por Gentile, Croce havia expressado mais ou menos os

---

5 *Pagine sulla guerra*, Bari, Laterza, 1928, p.52-3.

OS INTELECTUAIS E O PODER

mesmos conceitos quando afirmara que os intelectuais, se como cidadãos cumprem o seu dever aderindo a um partido,

> como intelectuais têm o único dever de se dedicarem, com a obra da investigação e da crítica, e com a criação da arte, à tarefa de alçar igualmente todos os homens e todos os partidos à mais alta esfera espiritual, para que, com efeitos sempre mais benéficos, combatam as lutas necessárias.

Em 1927 (mesmo ano em que aparece o livro de Benda), escrevendo o prefácio a uma nova edição das *Pagine sulla guerra*, quando tantas traições já haviam sido consumadas e havia começado a *"ère des tyrannies"* (assim a designará um outro intelectual, Elie Halévy, que fará datar de 1914 os dois nefastos efeitos da supressão de toda opinião desfavorável ao interesse nacional e da "organização do entusiasmo"), Croce retomava o tema das duas cidades e escrevia:

> Permaneço também nesta parte na tradição do pensamento cristão, que dá a César o que é de César, mas que acima de César eleva a consciência religiosa e moral, que apenas eticiza na medida do necessário a ação política, apesar de reconhecer, respeitar e empregar a lógica que é própria a ela.

Em uma das páginas mais solenes e comoventes, retomando com outra forma o tema das duas cidades e traduzindo-o na visão das duas histórias paralelas, a história política e a história moral, dirá que o homem de ânimo

> religiosamente disposto deixa com prazer a políticos, a militares e a economistas a consideração da primeira história, na qual se desenrola o drama que nele tem prosseguimento e onde, através dos séculos, ele encontra seus pais e seus irmãos, aqueles que amaram como ele e como ele souberam sofrer e operar pela liberdade.[6]

À ideia das duas cidades e à tese de que o intelectual não poderia servir simultaneamente a dois senhores correspondia a ideia, que havia se difundido entre os cultores das ciências sociais e havia culminado na teoria – da qual se tornara divulgador Max Weber entre 1913 e 1917

---

6 Solilóquio di un vecchio filosofo, em *Discorsi di varia filosofia*, v.I. Bari, Laterza, 1945, p.300.

(portanto nos mesmos anos em que a diminuição da neutralidade dos professores seria considerada uma defecção) – da "avaloratividade" da ciência, segundo a qual quem se propõe a exercer a profissão-vocação do cientista deve renunciar a dar juízos de valor e, portanto, a sustentar como cientista mais uma política do que outra. Do mesmo modo que a história, para Croce, deve propor-se a ser justificadora e não justiceira, assim também o sociólogo, o jurista, o economista devem compreender e não justificar. Em 1916, com o mundo já convulsionado pela Primeira Guerra Mundial, aparecia o *Trattato di sociologia generale* de Pareto, dominado de cima a baixo pela contraposição entre o cientista e o apóstolo, assentado sobre a tese de que o sociólogo se ocupa com a abordagem de fatos e a formulação de teorias e não se preocupa com as consequências boas ou más das próprias assertivas. Tanto Pareto como Weber, rígidos e obstinados adversários de toda contaminação entre a obra do cientista e a obra do político ou do moralista, estiveram ambos inclinados a acreditar, e operaram em consequência como cientistas, que em uma sociedade guiada por forças irracionais – as ações não lógicas do primeiro, as ações racionais segundo o valor do segundo –, pela prevalência de ideologias (as paretianas "derivações") que são tomadas por teorias científicas, em um universo irredutível de "politeísmo dos valores" como efeito da impotência da razão, a única empresa humana na qual deviam ser mantidos incontrastados o domínio e a orientação da razão seria a ciência. Por isso, cabia ao homem de ciência, segundo eles, a responsabilidade de preservar a única forma de saber que pode aspirar à intersubjetividade pela corrupção das fés individuais e coletivas, dos sentimentos, das mitologias sempre renascentes, das concepções gerais do mundo não racionalmente verdadeiras, mas só praticamente úteis. Em Pareto e em Weber, para falar dos maiores, porque a ideia da separação entre o mundo da ciência e o mundo da prática era difusa (basta pensar em todas as teorias "puras", do Direito à Economia, das quais o neokantismo se fez promotor filosófico), a defesa da ciência desinteressada caminha junto com uma concepção fundamentalmente irracionalista do universo ético: portanto, a ética do cientista consiste precisamente na defesa intransigente da única e limitada cidadela da razão diante dos assaltos da não razão que se exprimem nos juízos de valor. Jamais serão suficientemente recordadas as acuradas, severas e bastante premonitórias palavras que Weber pronunciou no final de 1918, no momento da derrota da Alemanha, na conferência proferida na Liga

OS INTELECTUAIS E O PODER

Estudantil Livre sobre a ciência como profissão e como vocação (*Wissenschaft als Beruf*), quando disse que na ciência apenas aquele que "serve puramente ao próprio objeto" tem uma personalidade e uma dignidade próprias, exaltou a "íntima dedicação à própria tarefa" e, perguntando-se por que o professor não deve dar conselhos práticos em torno do modo de agir na sociedade, respondeu: "Porque a cátedra não é para os profetas e para os demagogos".

Em uma sociedade caracterizada por um irredutível "politeísmo dos valores" – irredutível porque as ciências, reconhecendo os próprios limites, haviam estancado diante dos valores últimos, e porque na mesma medida em que as portas da participação na vida pública pelos sindicatos e pelos partidos eram abertas a sempre mais vastas massas de cidadãos, as ideologias dominantes se multiplicavam e se tornavam sempre mais antagônicas –, ou se conseguia criar sólidas instituições capazes de permitir a cada um adorar em paz os próprios deuses (o grande sonho dos liberais, o ideal da "liberdade dos modernos" contraposta à "liberdade dos antigos"), ou, diante do perigo do conflito permanente, e em definitivo da desagregação, não apareceria outra via de salvação que a imposição de uma única razão mediante um novo Leviatã, que, como aquele imaginado por Hobbes, teria em uma mão a espada, símbolo do poder temporal, e na outra o bastão pastoral, símbolo da direção doutrinal. Ter-se-iam recordado tarde demais que Dante já havia dito que quando a espada e o pastoral são mantidos juntos "por viva força/convém que o mal se vá". Com a teoria do partido-guia, que se reforçava cada vez mais onde uma classe audaz e despreconceituosa de revolucionários havia tomado o poder e o consolidava pelo fortalecimento do partido único, e com a instauração dos regimes fascistas em uma parte da Europa ocidental, tudo levava a crer que prevaleceria na Europa, no período de trégua entre as duas guerras, a segunda solução.

Enquanto Benda denunciava o desmoronamento dos intelectuais diante do poder, Mannheim, nos mesmos anos, confiava nos intelectuais para uma solução da crise, partindo precisamente da constatação de que, em uma sociedade politeísta, as ideologias da classe dominante, que visa à conservação, entram em choque com as utopias da classe oprimida, que visa à transformação da sociedade presente. É de 1929 seu livro *Ideologie und Utopie*, considerado a primeira tentativa de análise sociológica dos intelectuais e um dos pontos de partida da sociologia do conhecimento. A contraposição entre mundo das ideias e mundo das ações, o dualismo entre ciência e política, a incompatibilidade entre engajamento científico e engajamento político, haviam estado até então presentes na batalha ideal dos clérigos que se professavam ou se julgavam independentes. Mannheim tenta dar a este modo essencialmente ético-pedagógico de tratar o problema um crisma de validade científica, sustentando uma teoria sociológica ou presumivelmente sociológica: na sociedade de massa, dividida em classes, os intelectuais constituem não uma classe no sentido próprio da palavra mas uma camada em si mesma, na medida em que é formada por um conjunto de indivíduos provenientes das classes mais diversas, não ligado a nenhuma classe em particular, socialmente independente, pairando acima das classes contrapostas. Como tais, estão em ótimas condições para tentar alcançar a síntese das ideologias que disputam o campo e o favor dos diversos grupos em luta entre si. Apenas orientando-se por essa obra de síntese a camada dos intelectuais pode escapar das duas tentações opostas do utopismo e do niilismo, que são dois modos de escapar das próprias responsabilidades e de se desviar da passiva contemplação da própria impotência.

A grande prova do intelectual revolucionário

A solução de Mannheim, que não apenas teorizava, mas fundava ou acreditava fundar criticamente a tese da diversidade entre papel de mediação e de política de longo prazo e papel político imediato dos intelectuais, era diametralmente oposta à tese que, naqueles anos, Gramsci estava elaborando em suas reflexões no cárcere. Mannheim se encontrava sobre a linha que parte da separação entre engajamento intelectual e engajamento político, embora não excluísse o interesse ativo dos intelectuais pelos problemas da cidade, que, ainda que não fosse a cidade de Deus, era porém sempre uma cidade ideal, que devia ser projetada sem ilusões de uma completa e rápida realização. Gramsci, ao contrário, continuava, embora com espírito crítico, a linha da identidade entre engajamento político e engajamento cultural, que havia caracterizado a história dos intelectuais revolucionários. Em uma carta do cárcere escrita em março de 1927, anuncia pela primeira vez à cunhada o propósito de ocupar-se de "uma pesquisa sobre os intelectuais italianos, suas origens, seus agrupamentos etc.", retomando um problema já tratado, se bem que

OS INTELECTUAIS E O PODER

de passagem, no ensaio *Alcuni temi della questione meridionale* [A questão meridional], de outubro precedente. A parte mais importante das notas sobre os intelectuais é de 1932. Como Mannheim, também Gramsci apresenta um esboço de sociologia dos intelectuais e delineia em grandes traços sua história. Porém, diversamente de Mannheim, refuta a tese, que teria considerado abstrata e especulativa se a tivesse conhecido, de uma única camada de intelectuais, distinguindo dois grupos contrapostos, o dos intelectuais tradicionais e o dos intelectuais orgânicos. No entanto, desde que também os intelectuais tradicionais são orgânicos às classes em declínio, a tese fundamental de Gramsci é exatamente o oposto da tese mannheimiana da livre *intelligentsia*. "Todo grupo social" – esse é o ponto de partida da análise histórica gramsciana –, "nascendo no terreno originário de uma função essencial no mundo da produção econômica, cria para si, ao mesmo tempo, de um modo orgânico, uma ou mais camadas de intelectuais que lhe dão homogeneidade e consciência da própria função". Gramsci não ignora que os intelectuais tradicionais consideram-se "autônomos e independentes", mas sabe também que a tarefa do historiador e do sociólogo marxista é mostrar que as coisas não se passam assim. Os intelectuais são sempre os "comissários" do grupo dominante para o exercício das funções subalternas da hegemonia social e do governo político.

A tese do intelectual orgânico é a resposta crítica à tese do intelectual independente. Se toda classe tem os seus intelectuais orgânicos, também a nova classe terá ou deverá ter (o intercâmbio entre o ser e o dever ser é uma ambiguidade característica do discurso político) os seus intelectuais orgânicos, mas eles serão diversos dos tradicionais: o intelectual tradicional é o humanista, o literato, o orador, cujo modo essencial de ser é a eloquência; o novo intelectual, ao contrário, será simultaneamente especialista (ou técnico) e político (Gramsci usa a conhecida fórmula especialista + político). Como político, esse intelectual não poderá encontrar outra sede para o exercício da sua especialidade que o partido, ao qual cabe em primeiro lugar, como partido da classe operária, a tarefa da reforma intelectual e moral da sociedade: o partido do proletariado não será apenas o novo príncipe, mas será também o novo intelectual (coletivo) e realizará desse modo, de forma nova, a síntese entre teoria e práxis.

O problema dos intelectuais era um problema com o qual, como se disse, o movimento operário e os partidos socialistas sempre haviam tido de ajustar as contas, com muita seriedade e às vezes com aspereza. Além do mais, a discussão em torno do problema jamais havia sido tão intensa como nos anos em que Gramsci decide transformá-lo em um dos temas principais, se não o principal, como alguém já observou, das suas reflexões no cárcere: eram os anos da denúncia de Benda, das propostas de Mannheim, das disputas em torno da função da *intelligentsia* revolucionária, iniciada a época da ordem staliniana. No fundo, Gramsci retomava o tema, tradicional na história do movimento operário, da indissolubilidade e da inseparabilidade entre engajamento político e engajamento cultural.

Se a Guerra Mundial, que podia ser interpretada como uma luta entre opostas razões de Estado, havia exaltado a figura do intelectual independente, celebrando o princípio ético do estar acima do combate, a Revolução Russa, que podia ser interpretada ao contrário como a luta da liberdade contra a opressão, da justiça contra a iniquidade, em uma palavra, do bem contra o mal, havia exaltado a figura do intelectual engajado, participante, partidário, que devia escolher um lado (e essa era uma escolha obrigatória), entrar corajosa e disciplinadamente (nada de independência!) no combate. Porém, como a figura do intelectual independente tinha duas faces, uma boa e outra má, conforme a independência fosse entendida como um colocar-se acima do combate para encontrar uma solução mais adequada para o conflito ou como um colocar-se fora do combate, em uma postura de aristocrática indiferença com respeito ao drama da história (os "quinhentos brutos mortos brutalmente" de Andrea Sperelli), assim também sempre teve duas faces a figura do intelectual engajado: de um lado, o porta-bandeira das massas em marcha, de outro, o zeloso porta-voz das diretivas do Partido.

A ideia de que a Revolução deveria ser guiada por homens iluminados vinha de longe e estava destinada a atravessar, às vezes de modo dissimulado mas nunca definitivamente renegada, toda a história do movimento operário. O teórico e historiador da primeira fracassada revolução igualitária, Filippo Buonarroti, justifica a tomada do poder e a ditadura de um destacamento de "sábios" argumentando que, antes da transformação da sociedade, que apenas os sábios com uma forma ditatorial de governo (verdadeiro exemplo de despotismo esclarecido) podem impor, "o povo não pode nem perceber nem declarar a vontade geral". Quando Marx, em um artigo de juventude, enunciou suas célebres teses de que "a teoria torna-se força material assim que se difunde nas

OS INTELECTUAIS E O PODER

massas", de que "a filosofia encontra no proletariado as suas armas materiais assim como o proletariado encontra na filosofia as suas armas espirituais", de que "o cérebro da emancipação humana é a filosofia, seu coração o proletariado", de que "a filosofia não pode se realizar sem a supressão do proletariado e o proletariado não pode se suprimir sem a realização da filosofia", põe as premissas e propõe o ideal daquela identidade de teoria e práxis, de inteligência que interpreta o mundo e de ação que o transforma, de intelectual e político (desde que se trate do intelectual radical e do político revolucionário), que será uma das ideias-força do movimento operário. Nesse sentido, a Revolução Bolchevique poderá ser chamada de revolução de intelectuais (e de fato a maior parte da classe dirigente do grupo bolchevique será composta por membros da *intelligentsia*). Também a Revolução de 1848, é verdade, fora chamada de revolução de intelectuais (por Namier), mas com a precisa intenção de mostrar que quando uma revolução é feita por intelectuais está destinada a fracassar. Chegou-se também a dizer, ao contrário, que a Revolução dos bolcheviques tornou-se vitoriosa porque tornara real a profecia de Marx de que "a teoria torna-se força material assim que se difunde nas massas". Mas essa teoria não era a filosofia ou a ciência de Marx? Até então, jamais um grande fato histórico havia sido julgado como foi julgada a Revolução Russa, não só com base nas consequências, mas com base nos princípios: como se sabe bem, os vários movimentos socialistas se dividiram quanto ao juízo que se devia dar a respeito da Revolução, e a batalha entre a ala esquerda que celebrava Lenin e a ala direita que o repudiava foi conduzida com os textos de Marx à mão. Lenin era um intérprete fiel ou um corruptor de Marx? A Revolução Bolchevique era uma revolução marxista? Pela primeira vez, uma grande modificação não só nas consciências, como fora a Reforma, mas nas instituições, nas relações concretas entre os homens, era representada como o encontro entre o "coração" que pulsa e impele a ação e o "cérebro" (precisamente a filosofia) que a dirige.

A revolução como fato total exige um engajamento total. Como a Primeira Guerra Mundial havia sido a prova decisiva do intelectual puro, assim a Revolução Bolchevique foi a prova decisiva deste outro modo de compreender a função do intelectual, segundo o qual o engajamento cultural não pode andar separado do engajamento político e, no caso de conflito, o engajamento político deve sobrepujar o engajamento cultural (mas precisamente nesta solução se descobre que também esta postura tem o seu aspecto negativo). Quem compreendia a função desse modo não podia deixar de se chocar duramente com os intelectuais que consideravam, como o autor da *Trahison*, que o seu reino não era desse mundo. No mesmo ano em que Benda publicava seu livro, Paul Nizan se inscrevia no Partido Comunista Francês e pouco depois, com a agressividade típica de um jovem seguro de si, com aquele tom arrogante de quem havia encontrado o próprio caminho, publica *Les chiens de garde* (1932), um libelo dirigido prevalentemente contra os filósofos da Sorbonne e os intelectuais *à la* Benda, que são acusados de ser, precisamente, os "cães de guarda" da classe no poder, com seu espiritualismo insípido, com a pretensão de estarem acima das classes, ao passo que "a verdadeira natureza da filosofia, como de qualquer outra atividade humana, é a de estar a serviço de certas pessoas e de seus interesses", com sua presunção de não terem escolhido parte alguma enquanto se põem comodamente do lado dos patrões. Trata-se ao contrário, para o neófito comunista, de escolher conscientemente um lado, lado este que não pode ser senão o dos oprimidos, dos deserdados, dos abandonados. Com uma declaração tão exemplar que se pode erigir a fórmula, ele escreve: "O tipo para o qual tende a filosofia dos explorados é o do revolucionário profissional descrito por Lenin". Que mais tarde, após o pacto entre Hitler e Stalin, Nizan tenha abandonado o Partido, tenha afirmado publicamente que Stalin lhe dava nojo, tenha escrito antes de morrer na Guerra que "a única dignidade que nos resta é a do intelecto" (uma frase que parece escrita por Benda) é uma outra história, também ela exemplar, embora em um outro contexto, pois demonstra quanto é ambígua a "tarefa" do intelectual e quanto é difícil a tomada de consciência não distorcida daquela que tem sido a tarefa diversa, segundo os tempos e as circunstâncias, do clérigo.

Traição ou deserção?

Trata-se de uma tarefa que se move continuamente entre a fidelidade aos valores últimos, da qual vem a acusação de traição aos que levam muito a sério a luta pela sua realização, e a exigência de mudar o mundo, da qual vem a acusação de deserção perante os que se refugiam em estéreis profissões de fé. Trair significa escolher o lado errado, desertar significa

OS INTELECTUAIS E O PODER

não escolher o lado justo; se você se alia ao inimigo, trai; se abandona o amigo, deserta. Mas qual é o lado justo e o lado errado? Quem é o amigo, quem é o inimigo? Na relação tensa, dramática, dilacerante, entre traição e deserção reside a ambiguidade do problema e a dificuldade da solução. A Nizan, que acusa Benda de ser um desertor porque não escolheu um lado, poderia Benda responder que ele, Nizan, é um traidor porque escolheu apenas um lado? Ou devemos dizer que Benda, no momento em que entra em campo contra o fascismo e o nazismo, em defesa dos revolucionários espanhóis, e faz o elogio da democracia, torna-se ele próprio um traidor? E Nizan, no momento em que abandona o Partido e presta homenagem à dignidade do intelecto, torna-se ele próprio um desertor? Tais perguntas servem apenas para fazer entender que o problema é complexo e que para resolvê-lo devem ser evitadas as generalizações fáceis.

Em um período mais recente, vivido por muitos daqueles que continuam a escrever sobre o problema dos intelectuais, as mesmas pessoas podem ter representado em dois momentos sucessivos os dois papéis, sem se sentirem em contradição consigo mesmas. O papel do intelectual militante, que trai o ideal da cultura desinteressada para não desertar, está admiravelmente personificado pelo jovem literato Giaime Pintor, tradutor de Rilke, que na última carta escrita antes de se engajar em uma ação de guerra que o levará à morte redigiu as memoráveis palavras:

> Músicos e escritores devemos renunciar aos nossos privilégios para contribuir para a libertação de todos. Contrariamente ao que afirma uma frase célebre, as revoluções acontecem quando são preparadas pelos poetas e pelos pintores, mas desde que os poetas e os pintores saibam de que lado devem estar.

Mas a História, a viquiana Providência, sempre permite que os poetas e os pintores estejam em condições de saber qual deve ser o seu lado? Alguns anos depois, diante do flagelo da guerra fria, que colocava um contra o outro não uma virtude contra um furor, mas dois furores iguais e contrários, qual era o lado justo? Pode ter então parecido a alguns, para os quais era melhor correr o risco de serem acusados de deserção do que de traição, que o homem de cultura deveria evitar fazer as perguntas sob a forma de "ou-ou", porque "para além do dever de entrar na luta, há ...

o direito de não aceitar os termos da luta tal como são postos, de discuti-los, de submetê-los à crítica da razão". Tal atitude, que assinalava a passagem do intelectual engajado ao intelectual independente, havia sido, por assim dizer, antecipada e preparada, tornando-se quase inevitável, pela experiência igualmente exemplar do "Politecnico", de Elio Vittorini. Na apresentação da revista (setembro de 1945), em nome de todos aqueles a que o regime fascista não havia deixado outra saída senão o serviço ou a evasão (na arte pela arte ou na erudição pela erudição), Vittorini invocava uma cultura que soubesse proteger o homem dos sofrimentos em vez de limitar-se a consolá-lo, reavivando as esperanças, jamais desaparecidas, no filósofo-rei ao anunciar que a cultura deveria "tomar o poder". Após alguns meses (em maio de 1946), diante de uma crítica ideológica a ele dirigida pelo Partido Comunista, respondeu com a *Lettera a Togliatti*, negando que o papel do intelectual revolucionário fosse o de tocar o pífaro da revolução e reivindicando para ele o direito de "pôr, com sua obra, certas exigências revolucionárias diversas das que são postas pela política". Era um modo de dizer mais uma vez que também os intelectuais fazem política, mas que a sua política é "diversa" daquela dos políticos puros.

O anti-intelectualismo

O intelectual político e o intelectual puro representam dois modelos positivos, ainda que frequentemente um seja negativo para o outro. Mas o termo "intelectual", como já disse, é axiologicamente ambivalente. Por detrás da figura do intelectual-guia surge sempre a contrafigura do tentador, do corruptor, do falso pedagogo, do falso profeta, do demagogo; por detrás da figura do intelectual defensor dos valores eternos surge sempre a contrafigura do inepto, do pávido, do decadente, senão mesmo do parasita. Fiz menção ao papel positivo do intelectual na tradição socialista: todavia, não se deve esquecer que nos mesmos anos em que Lenin afirmava que no movimento operário a consciência devia ser trazida do exterior, Sorel, que havia percorrido um longo caminho através do marxismo mas também havia respirado o ar pungente do anti-intelectualismo bergsoniano, não perdia a ocasião para mostrar seu próprio desprezo pelos intelectuais, a respeito dos quais dizia que "não são, como

OS INTELECTUAIS E O PODER

se diz frequentemente, os homens que pensam: são os que fazem profissão de pensar e que recebem um salário aristocrático em razão da nobreza de tal profissão". Era acompanhado por seu fiel discípulo, Edouard Berth, que publicaria em 1913, com uma introdução do mestre, um medíocre libelo antidemocrático, *Les méfaits des intellectuels*. Recordei também o "Manifesto" dos *dreyfusards*; no entanto, não tardaram a se fazer sentir as críticas ferozes de Barrès, que comparou os signatários aos porquinhos-da-índia nos quais os cientistas do Laboratório Pasteur inoculavam artificialmente a raiva, ou as críticas desdenhosas de Maurice Paléologue, que os acusou de se apresentarem como uma casta nobiliárquica acima do vulgo.

A tipologia do anti-intelectual é riquíssima e tem sido feita e refeita diversas vezes. Pode ser útil distinguir o anti-intelectualismo dos próprios intelectuais do anti-intelectualismo dos não intelectuais. No primeiro, não cabe tanto a polêmica entre intelectuais a respeito do seu papel, da qual dei exemplos até agora, como a refutação daquele que, embora sendo sociologicamente intelectual, não se reconhece em nenhum desses papéis, e por isso refuta ou renega o papel que lhe é atribuído, identificado habitualmente com uma profissão como todas as outras, ou com um serviço prestado ao potente, ou com uma missão de que a futura sociedade de massa não terá mais necessidade. Essa postura de automortificação é uma resposta à postura oposta de autoexaltação que, desde Platão, distingue o adivinho que ajuda os outros homens a saírem da caverna (embora sabendo que a massa estará destinada a ali permanecer). E pode, por sua vez, assumir dois aspectos diversos, segundo seja o desaparecimento do intelectual considerado uma necessidade ou uma calamidade. Quem o considera necessário, dele se compadece e chega mesmo a evocar o suicídio do intelectual, ou seja, a afirmar que quem teve o privilégio de uma educação superior que lhe permitiu refletir sobre as misérias e os sofrimentos dos danados da terra, não a vivê-las, tem o dever de entrar na massa de onde sairá regenerado, de cumprir uma verdadeira metanoia pela descoberta do homem novo, de se anular para ressurgir. Quem, ao contrário, vê no desaparecimento do intelectual um sinal da degeneração espiritual que se abate inexoravelmente sobre uma sociedade sempre mais plebeia, vulgar e nivelada, lamenta a morte do intelectual, seja ela natural ou violenta (mas pelas mãos de outros), e introduz um conceito característico da chamada literatura da crise, o conceito de crepúsculo, eclipse ou declínio do intelectual: nesse caso, o anti-intelectualismo não é uma tomada de posição mas uma amarga constatação, ou uma profecia, e induz mais à autocomiseração que à autodifamação.

Quanto à casuística dos não intelectuais, ela é tão ampla que não pode ser resumida em poucas páginas. Temos numerosos exemplos dela no livro de Richard Hofstadter, *Anti-intellectualism in American Life* (1964) que, apesar de se inspirar na América dos anos do macartismo, desenvolve com uma ampla documentação histórica o tema do conflito permanente entre o homem prático que tem os pés na terra e o idealista que tem a cabeça nas nuvens, ou, para usar os termos do autor, entre os *fatheads* (cabeças-duras) e os *eggheads* (cabeças-de-ovo). Na medida em que o homem prático, seja ele um homem de negócios ou um político, se autodefine e se autoexalta como um realizador ou como um construtor, as reprovações que dirige ao intelectual podem ser resumidas nas duas seguintes: a) não obstante a sua arrogância, aquele que vive imerso no mundo das ideias abstratas não consegue dar qualquer contribuição útil a quem deve resolver problemas vitais no dia a dia; b) por causa de seu espírito crítico, de sua atração pelas ideias radicais, dá uma contribuição sim, mas é uma contribuição negativa, destrutiva, subversiva, que estimula o desespero ou a revolta. No primeiro caso é um falastrão, um inconsequente, um dispersivo, que reparte o cabelo em quatro e não consegue mais recompô-lo, que discute o sexo dos anjos enquanto o inimigo está à porta (o bizantino); no segundo caso, é o niilista, o espírito da desagregação, o instigador irresponsável de todos os fanáticos, o inseto corrosivo de todo sistema social bem construído, ou, com uma metáfora que agradava a Hegel e a Marx, a toupeira que cava a galeria subterrânea que a levará, quando chegar o momento, à luz do sol. À acusação de inconsequência, o intelectual sempre respondeu e continuará a responder que as ideias dão frutos em tempos longos, que não coincidem com os tempos das ações dos políticos, e demarcam as estações decisivas da história, a grandeza e a decadência das nações, mais que as guerras e as revoluções; à acusação de niilismo, responderá que as obras dos homens de ação, as guerras e as revoluções precisamente, nada mais fizeram até hoje, para retomar de outro modo a célebre tese de Marx sobre Feuerbach, do que destruir o mundo, e agora se trata de construí-lo, para o que é necessário antes de tudo compreendê-lo. O contraste, porém, é insanável.

O contraste é insanável porque corresponde a duas exigências contrárias e igualmente inelimináveis, a exigência do viver bem (Aristóteles) e a da sobrevivência, a duas imagens do homem, o *homo sapiens* e

OS INTELECTUAIS E O PODER

o *homo faber*, a duas éticas, a ética do dever pelo dever e a ética do sucesso, a dois modos de fazer política, a política como busca do bem comum e a política como domínio do homem sobre o homem, à presença simultânea das duas cidades, a cidade de Deus e a cidade dos homens, ou, em linguagem kantiana, a comunidade dos seres racionais e o Estado que não pode abrir mão da coação para obter obediência às suas próprias leis. Iludem-se aqueles que creem superar tal contraste cancelando da história um ou outro dos dois termos, sonhando com um impreciso reino da liberdade ou contribuindo para criar o onipotente Leviatã. As duas cidades existem, ou ao menos até agora existiram, e convivem, melhor, devem conviver: o anacoreta não poderia continuar a pregar no deserto para a salvação dos outros homens se de tempos em tempos o camponês não lhe levasse os frutos da sua labuta, e o "bestalhão" [*"bestione"*] jamais teria saído de sua "divagação ferina" se um belo dia não tivesse curvado a cabeça, aterrorizado, ao raio de Júpiter. Raros, raríssimos, são os momentos na vida de um indivíduo ou na história de um povo em que as duas exigências parecem não ser mais incompatíveis. Geralmente o contraste é superado porque uma exigência esquece a outra: quem vive segundo os princípios não se preocupa com as consequências, e assim pode acontecer que sua ação seja nobre, mas estéril; quem age levando em conta apenas as consequências não se preocupa com os princípios, e pode se dar assim que sua ação seja eficaz, mas ignóbil. O contraste não depende do arbítrio de uns ou de outros, mas da natureza dos fins perseguidos por ambos e da incompatibilidade dos meios que devem ser empregados para alcançá-los. Por isso o contraste pode ser de vez em quando diluído, jamais definitivamente superado. E enquanto o contraste existir, continuar-se-á a discutir o problema dos intelectuais.

GRANDEZA E DECADÊNCIA
DA IDEOLOGIA EUROPEIA

> On demande, s'il est permis aux citoyens
> de sortir de l'Etat sans permission.
> Nous savons qu'il y a des peuples chez
> qui cela est defendu, comme en Moscovie.
>
> Grotius, *De iure belli ac pacis*, II, 5, 1

Em seu tratado de teoria do Estado, que teve grande fortuna, escrito em italiano e depois traduzido para o francês, o inglês e o espanhol, Alessandro Passerin d'Entrèves evoca na última página a "cidade periclediana", como a recordação de "uma experiência única", de "uma oração imortal", na qual ainda hoje se reflete "a imagem do Estado ótimo, do Estado fundado sobre a democracia e sobre a liberdade".[1] Na realidade, mais do que um tratado sobre o Estado, como faz pensar o título, esse livro é uma história ideal do contraste entre poder e liberdade através do pensamento político ocidental. A última página é uma profissão de fé. No texto francês, mais completo que o italiano, à cidade tomada como modelo são atribuídas as seguintes características: "*Le respect de la loi et de l'ordre, le gouvernement par consentement, l'amour de la patrie, l'orgueil*

---

1 A. Passerin d'Entrèves, *La dottrina dello Stato*. Torino, Giappichelli, 1962, p.323.

142 NORBERTO BOBBIO

de la liberté".[2] Quem assim escrevia sabia muito bem que se tratava de uma idealização contida em um discurso de circunstância (que provavelmente jamais havia sido pronunciado) e que a "verdade efetiva" era bem diversa. Porém, importava-lhe naquele contexto reafirmar o valor simbólico daquele discurso nas alternadas vicissitudes da concepção da história, tão tipicamente europeia, interpretada como história da liberdade.

O próprio Péricles tinha plena consciência do significado exemplar da forma de governo de que fazia o elogio: "Temos uma forma de governo que não olha com inveja as constituições dos vizinhos, e não só não imitamos os outros como também servimos nós mesmos de exemplo para alguns" (II, 37). Para demonstrar qual era a força deste exemplo, basta confrontar os princípios que regem o Estado ateniense, nas palavras de Péricles, com os princípios que inspiraram as instituições liberais e democráticas da Europa moderna. Esta forma de governo é chamada de "democracia", continua o orador, porque, diferentemente do que ocorre nos governos oligárquicos, não é administrada para o bem de poucos, mas para um círculo mais vasto de pessoas. Com respeito à outra grande contraposição que atravessa toda a história do pensamento político, a contraposição entre governo das leis e governo dos homens, a afirmação de Péricles é igualmente clara: "Diante das leis todas as controvérsias privadas gozam de igual tratamento". O que não poderia ser assegurado pelo governo dos homens, ou pior, do Homem. A superioridade do governo das leis deriva do fato de que apenas ele garante a igualdade formal, aquela que na Grécia se chamava – com uma palavra carregada de significado emotivo positivo – "isonomia", e que nós chamamos de igualdade jurídica. A igualdade jurídica não exclui naturalmente a desigualdade, desde que fundada sobre o mérito:

> Quando se trata de escolher (já que é preciso se distinguir em algum setor), não é o fato de pertencer a um partido, mas o mérito que dá acesso aos cargos públicos mais honrosos, assim como, de outra parte, a pobreza não é razão para que alguém, se está em condições de ser útil à cidade, seja impedido de fazê-lo pela obscuridade de sua posição social.

---

2 *La notion de l'État*. Paris, Sirey, 1969, p.284. Citado em francês no original: "O respeito à lei e à ordem, o governo por consentimento, o amor pela pátria, o orgulho da liberdade". (N. T.)

Bom cidadão é o que participa ativamente da vida pública: é aquela forma de liberdade que Constant chamara de liberdade dos antigos, em virtude da qual aquele que não se ocupa dos negócios políticos e está alheio às atividades públicas é considerado "não como um homem pacífico que cuida apenas de seus próprios interesses, mas como um inútil" (II, 40). Mas não em detrimento da liberdade dos modernos, que Constant considerava desconhecida dos gregos: "Como vivemos em plena liberdade na vida pública, naquela mútua vigilância que se verifica nas ações de todo dia, não nos aborrecemos com nosso vizinho se ele age como lhe apraz, nem o olhamos com ares de reprovação que, apesar de inócuos, lhe causariam desgosto" (II, 37). No interior da cidade, enfim, é abandonada qualquer pretensão de fazer valer os próprios interesses pela força, e o único meio de chegar a uma decisão que diga respeito a todo o povo é a discussão, que é a quintessência da democracia (antiga, moderna e... futura): "Nós mesmos tomamos as decisões ou examinamos com cuidado os eventos, convencidos de que não é o debate que prejudica as ações, mas sim o fato de não se chegar ao necessário esclarecimento pelo debate antes de se partir para a execução do que se deve fazer" (II, 40). Contrariamente aos que consideram que a dureza da vida, o rigor da disciplina, a obediência servil são necessários para tornar forte a pátria, "foi precisamente a virtude destes homens e de outros iguais a eles que tornou esplêndida a grinalda de glória da nossa cidade", já que aqueles que vivem em uma cidade livre estão "lutando por um prêmio bem mais elevado do que o daqueles que não têm nada de parecido para se vangloriar" (II, 42).

A importância verdadeiramente excepcional deste discurso está no fato de que, nele, podem ser encontrados todos juntos, reunidos em uma rápida síntese, os traços de um modo geral de conceber a política no qual se refletiu orgulhosamente durante séculos a consciência da Europa. Creio não ser despropositado falar de uma verdadeira e própria "ideologia europeia", melhor ainda, da autêntica ideologia europeia. Prefiro falar mais de ideologia que de "ideal", porque a palavra "ideologia" não exclui, mas implica, a falsa consciência; por razões opostas, prefiro falar de ideologia e não de "mito", porque a ideia da Europa como pátria dos governos livres não se sustenta apenas sobre uma falsa consciência.

A origem dessa ideologia deve ser remetida ao célebre relato das guerras persas, tal como interpretado e transmitido por Heródoto: as guerras persas como guerras de liberdade, conduzidas por um pequeno povo que combate pela própria liberdade contra um poderoso adversário, e que, precisamente porque se bate por uma grande causa, que é a causa da liberdade, se torna no final vitorioso. Não por acaso Heródoto tende a estabelecer uma relação direta entre o fim da tirania em Atenas e o auxílio prestado aos jônios que estavam para se rebelar, auxílio que é a causa da agressão persa. Também com respeito a esse relato não se trata de buscar nele a verdade histórica. Estamos nos ocupando da história de uma ideia, cuja força é independente da maior ou menor correspondência com a verdade histórica. Não transcorreram muitos anos desde que o evento extraordinário do pequeno povo que vence o adversário mais poderoso, porque defende a própria liberdade, foi repetidamente evocado na guerra do Vietnã contra os Estados Unidos.

A apologia do governo das leis contraposto ao governo dos homens é acompanhada, na literatura clássica e até os dias de hoje, de uma recorrente e insistente demonologia da forma antitética de governo, a tirania, o governo do Homem por excelência. A começar dos livros oitavo e nono da *República* de Platão, nos quais o governo tirânico aparece, em contraste com o bom governo, com toda forma de governo temperado e moderado tal qual descrita por Péricles, como expressão das mais desenfreadas paixões, não diversamente do governo da plebe, do qual é o efeito natural e catastrófico. A fenomenologia da figura do tirano foi se enriquecendo ao longo dos séculos, mas os traços essenciais permaneceram os mesmos. Quando Kruschev, no famoso discurso feito ao XX Congresso do PCUS, denunciou com inesperada veemência os delitos de Stalin, diante da angústia dos marxistas e da incredulidade dos marxólogos, Claude Roy (então comunista, membro ativo da Sociedade Europeia de Cultura) disse: "Pode-se repreender o discurso por não ser uma análise marxista. Mas *Macbeth* também não é um texto marxista. Um grito de horror não é nem marxista nem antimarxista; é um grito". Teria sido possível dizer de um modo igualmente bom: a *República* de Platão também não é uma análise marxista, mas nela a figura histórica do tirano aparece em toda a sua trágica grandeza, que transcende a história e para cuja extraordinária e terrífica aparição a história é ocasionalmente, imprevisivelmente, um cenário.

O governo das leis não é mais do que um aspecto da ideologia europeia, e não o mais importante. O governo das leis garante a igualdade contra as discriminações arbitrárias do tirano. O núcleo central da ideologia europeia é o governo da liberdade, no dúplice sentido de liberdade dos antigos e de liberdade dos modernos. Ao governo da liberdade contrapõe-se não a tirania mas o despotismo. E é o despotismo, e não a tirania, que constituiu a verdadeira antítese da ideologia europeia: o Outro, em contraposição ao qual o Eu adquire consciência da própria identidade e se autojustifica como princípio do bem oposto ao princípio do mal. A tirania é uma forma degenerada e corrupta de governo, que cresce em determinadas circunstâncias históricas no interior da própria civilização europeia, é o momento negativo inserido em todo momento positivo e sem o qual a própria positividade da história não poderia se revelar nem ser percebida: como tal, tem o dúplice caráter de ser ilegítima e temporânea. Ilegítima porque viola os dois princípios sobre os quais se apoia o governo das leis, o princípio do poder cujo título está conforme a uma lei fundamental e o princípio do poder cujo exercício está conforme às leis ordinárias; temporânea porque aparece apenas em momentos de grandes crises históricas e está destinada a desaparecer quando a crise é resolvida e a sucumbir pelos próprios efeitos de seus excessos, que tornam intolerável o seu predomínio. O despotismo foi considerado polemicamente, desde a Antiguidade, como a forma de governo característica dos povos não europeus, e portanto vista, por aqueles mesmos povos, julgados naturalmente servis, como perfeitamente legítima, e, sendo legítima, passível de ser permanente e de durar nos séculos sem correções decisivas. Enquanto a contraposição entre governo livre e governo tirânico faz parte da história das formas de governo europeias, sendo mesmo um dos temas recorrentes na história do pensamento político que repercute sobre a história da Europa, a contraposição entre democracia e despotismo é parte constitutiva, vital, essencial, daquela visão do mundo, daquela filosofia da história por meio da qual o pensamento europeu buscou, em antítese ao que é diverso e negativo, definir positivamente a própria identidade, em uma tradição ininterrupta, embora com alternadas vicissitudes caracterizadas pela maior ou menor intensidade da contraposição.

A antítese liberdade-despotismo é um dos temas recorrentes do pensamento político ocidental, a começar de Aristóteles, uma das "grandes dicotomias" sobre as quais se apoia boa parte da filosofia da história, o principal critério de distinção e de contraposição entre Ocidente e Oriente.

No livro terceiro da *Política*, onde são diferenciadas várias formas de governo monárquico, Aristóteles detém-se naquela espécie de governo monocrático que é própria dos povos bárbaros, e afirma: "Esses povos bárbaros, sendo mais submissos que os gregos (e os asiáticos em geral mais que os europeus), suportam o poder despótico sem qualquer queixa" (1285a). A tradução latina do fim do século XIII, que se tornará uma referência fundamental, estabelece: "*sine tristitia*" [sem tristeza ou aflição]. Inútil dizer que o poder despótico é o poder do senhor [δεσπότης] sobre os escravos, do qual o próprio Aristóteles se ocupa no livro primeiro, onde apresenta a mal-afamada justificação desta forma de poder, sustentando que existem homens escravos por natureza. Por analogia, onde não existem apenas homens servis, mas povos inteiros servis, o poder despótico se transforma naturalmente, e portanto legitimamente, de familiar em político, isto é, torna-se uma verdadeira e própria forma de governo distinta das seis constituições típicas, três puras e três corruptas, que tinham se alternado nas cidades gregas e que, seguindo Aristóteles, os escritores políticos europeus tomaram como modelo para descrever as formas de governo sucessivas, com poucas variações, até os nossos dias.

O caráter natural, e portanto legítimo, do despotismo (a natureza como fundamento de legitimidade é um dado constante da teoria política de todos os tempos), é posto em grande evidência pelo próprio Aristóteles na passagem em que explica que, enquanto os súditos do déspota aceitam sem queixa o seu senhor, os tiranos "dominam contra a vontade dos súditos, e por isso são obrigados a pensar em sua defesa contra seus próprios cidadãos" (ibidem). Mas compreende-se, os súditos dos tiranos estão descontentes porque são homens livres e os súditos dos déspotas estão contentes porque pertencem a povos naturalmente servis. Assim se dá que os livres se rebelem e o tirano é deposto e perseguido. Donde a temporaneidade do seu poder. Os servis jamais se rebelam e o déspota, diferentemente do tirano, domina incontrastado e tem por sucessor um outro déspota, em uma cadeia sem fim.

A teoria do despotismo de Aristóteles pode ser resumida em três pontos, que acabaram por propor um esquema de interpretação do contraste entre Ocidente e Oriente que durou séculos, chegando mesmo a nossos dias: 1. a relação entre governantes e governados é semelhante à relação entre senhor e servo; 2. tal relação estabelece-se naturalmente onde existem povos servis; 3. esses povos servis existem de fato, e são os povos bárbaros, específica e indistintamente, os povos do Oriente. Desde o momento em que a *Política* de Aristóteles foi traduzida ao latim, a teoria

OS INTELECTUAIS E O PODER

passou a ser literalmente repetida pelos maiores escritores políticos dos séculos sucessivos: pode ser encontrada tanto em Santo Tomás de Aquino como em Marsílio de Pádua, mais ou menos com as mesmas palavras. E foi aplicada de vez em quando a diversos povos em diversos períodos históricos, em relação às concretas ameaças que, segundo as circunstâncias, provinham desta ou daquela potência oriental: à Turquia após a queda de Constantinopla; à Moscóvia após Ivan, o Terrível; à Rússia dos czares do século XIX nos anos das revoluções de 1830 e 1848; à União Soviética dos nossos dias; ao "perigo amarelo" proveniente da longínqua China (enquanto a China foi "vizinha", era considerada, como todos se recordam, não um perigo mas uma esperança). Dos dois termos da antítese, permanece constante o termo negativo, mas pode mudar o positivo. Para provar a constância com que é repetido o conceito aristotélico de despotismo, pode ser lembrada uma conhecida passagem do embaixador do império alemão, Sigismund Herberstein, que esteve em Moscou durante o reinado de Basílio III e que, em seus relatórios sobre as coisas da Moscóvia, escreve que, naquele país, o governo dispõe da liberdade e dos bens de quem quer que seja, comentando: "Não se sabe se é a rudeza do povo que pede um soberano tão tirânico ou se a tirania do príncipe é que fez que o povo se tornasse tão rude e cruel".[3] Seja qual for a causa da "rudeza" do povo, vê-se a partir dessa passagem que o despotismo não pode ser explicado independentemente da natureza "inferior" dos sujeitos sobre os quais se exerce.

O termo positivo, ao contrário, aquele que designa a "liberdade" europeia, nascido da observação das cidades gregas, estende-se pouco a pouco, segundo os tempos e as circunstâncias, a todas as formas políticas dos Estados europeus, e não apenas às democráticas. No período da formação dos grandes Estados europeus, que são prevalentemente monárquicos, o despotismo foi contraposto à monarquia "régia", para usar a terminologia de Jean Bodin, a quem se deve a mais ampla e historica-

---

3 Retiro essa passagem, além de muitas outras sugestões, da obra de Alexander Yanov, *The Origins of Autocracy*, Berkeley, University of California Press, 1980, que cito a partir da tradução italiana, *Le origini dell'autocrazia*, Milano, Edizioni di Comunità, 1984; o trecho transcrito encontra-se na p.281. Para outras observações sobre o conceito e sobre a história do despotismo, remeto ao meu curso universitário, *La teoria delle forme di governo nella storia del pensiero politico*, Torino, Giappichelli, 1976, e ao verbete "Dispotismo" no *Dizionario di politica*, Torino, UTET, 1983, p.342-9.

mente documentada tipologia das formas de governo, com base no critério tradicional segundo o qual a monarquia régia é aquela em que os súditos obedecem às leis, mas o próprio rei está submetido às leis da natureza, "restando aos súditos a liberdade natural e a propriedade de seus bens", ao passo que "a monarquia despótica é aquela em que o soberano governa os súditos do mesmo modo que um chefe de família governa os seus escravos".[4] De Maquiavel a Montesquieu, e até a Hegel, a monarquia europeia distingue-se das monarquias orientais porque nela o poder do rei está limitado pela presença de ordens aristocráticas mais ou menos potentes.

O testemunho de um observador atento como Maquiavel é precioso. Em uma breve passagem d'*O Príncipe*, na qual distingue duas formas de principado, define a primeira como aquela em que o príncipe tem de se defrontar com "barões" cuja autoridade depende não da vontade do senhor mas da antiguidade de seus privilégios de sangue, e a segunda como aquela "em que há um príncipe e todos os outros são servidores", que governam, quando governam, "por graça e concessão do senhor" (cap. IV). Embora não se possa considerar a primeira forma de principado um governo livre a pleno direito, aquilo que a diferencia do principado despótico é a existência de uma ordem independente, e nesse sentido, livre, com respeito ao soberano, ao passo que a característica do principado despótico é a de que todos, exceto o soberano, são "servidores". Nessa passagem de Maquiavel também é de grande interesse a dúplice referência histórica, na medida em que como exemplo da primeira forma de principado indica a França, da segunda a Turquia: "Toda a monarquia do Turco é governada por um só senhor, sendo os demais seus servidores; dividindo o seu reino em *sandjaques*, esse senhor para lá envia diversos administradores, que substitui ou demite como bem lhe apraz".[5] O que é uma prova do fato de que o Estado tomado como exemplo de

---

4 J. Bodin, *Les six livres de la République*, II, 2.

5 Encontro uma confirmação desta passagem de Maquiavel (*O Príncipe*, cap.IV) no livro acima mencionado de Yanov, que cita o escritor de origem croata Jurij Krizanic, do século XVII, cujo livro *Politika* era popular nas altas esferas do governo moscovita, que distingue o despotismo, como aquele que vigora na Turquia, da forma de governo indicada como modelo, na qual o Estado concede privilégios moderados à aristocracia que acabam por servir de garantia contra o despotismo.

despotismo se altera, mas não se altera o seu pertencimento à esfera geográfica ao oriente da Europa.

Não menos precioso é o testemunho que se pode extrair de Bodin, o qual, feita a distinção entre governo monárquico e governo despótico, acima mencionada, e tendo de acrescentar exemplos, observa: "[Deste tipo de regimento] podemos encontrar ainda um certo número na Ásia, na Etiópia e até na Europa, por exemplo a senhoria dos tártaros e a Moscóvia". A distinção entre monarquia régia e monarquia despótica é ainda uma vez uma boa ocasião para exaltar a superioridade dos povos europeus, os quais, sendo "mais altivos e mais guerreiros que os africanos, jamais puderam tolerar monarquias despóticas" (II, 2).

A consagração da categoria do despotismo oriental ocorre, como é bem conhecido, o que me dispensa de me estender nesse ponto, n'*O espírito das leis* de Montesquieu, o qual, com uma ousada inovação na teoria tradicional das formas de governo, considera o despotismo uma das três formas típicas, resolvendo em uma única forma, a republicana, com um precedente ilustre em Maquiavel, tanto a democracia como a aristocracia, e pondo a monarquia como forma intermediária entre uma e outra. O amplo tratamento que Montesquieu dedica ao despotismo é uma confirmação da importância já assumida pelo mundo oriental na época do Iluminismo, mas o modo como o tema é tratado demonstra ainda uma vez a continuidade de uma tradição. Por um lado, o despotismo é sempre definido como o regime caracterizado pela relação entre senhor e servos, por outro, considera-se que seria um delito contra o gênero humano introduzi-lo na Europa. No artigo "Déspotisme" da *Encyclopedie* os exemplos são a Turquia, a Mongólia, o Japão, a Pérsia e "quase toda a Ásia". Em *Do espírito*, Helvétius adverte que ao falar de reinos despóticos está se referindo àquele "desejo desenfreado de poder arbitrário que se exerce no Oriente" (III Discurso, caps.XVI-XXI).

Ultrapassando o Iluminismo, na teoria das formas de governo de Hegel, que se inspira na de Montesquieu, o despotismo ainda ocupa um posto central, não só geograficamente, na medida em que representa o Oriente contraposto ao Ocidente, mas também historicamente, na medida em que constitui a primitiva forma de Estado, nascido com os grandes impérios orientais, em um desenho histórico no qual a segunda etapa está constituída pelas repúblicas antigas, democráticas na Grécia, aristocráticas em Roma, e a terceira e última, pelas monarquias da Europa moderna.

A filosofia da história de Hegel é a sublimação de uma concepção eurocêntrica do desenvolvimento histórico, entendido como realização progressiva da liberdade. A contraposição liberdade-despotismo, correspondente ao contraste entre Ocidente e Oriente, encontra uma nova expressão na célebre afirmação: no Oriente um só era livre, no mundo clássico poucos eram livres, no mundo moderno todos são livres. Se a história é a história da liberdade, a realização desta história deu-se na Europa. Sublimação, não conclusão, como chegou a ser afirmado. Durante todo o século XIX, a filosofia europeia da história ainda é prevalentemente eurocêntrica, não obstante o aparecimento no horizonte das duas grandes potências destinadas a frear a marcha triunfal (ou tida como tal) do espírito europeu no mundo: os Estados Unidos e a Rússia. Eurocêntrica foi tanto a filosofia positivista da história como a marxiana e a engelsiana.

A ideia da Europa como princípio e fim do desenvolvimento civil está estreitamente ligada àquela concepção progressiva da história, que é uma das características da ideologia europeia a partir da época moderna. A teoria do progresso, que se opõe tanto à teoria regressiva como à teoria cíclica da história própria dos antigos, nasceu na Europa, e o seu predomínio quase incontrastável no século XIX acabou por reforçar a convicção de que as nações europeias estavam no centro do mundo no período da grande expansão colonial. Não por acaso nasceu na Europa, sendo de fato parte integrante da ideologia europeia em seu momento culminante, a ideia de que o progresso é uma característica exclusiva da história europeia, diante da qual a história das outras civilizações, a começar dos grandes impérios orientais, permaneceu estacionária. A dicotomia liberdade-despotismo é acompanhada, na grande filosofia iluminista e positivista, por uma nova dicotomia, não menos carregada de significados valorativos: progresso-imobilidade. O famoso *Abozzo di quadro storico dei progressi dello spirito umano* [*Esboço de um quadro histórico dos progressos do espírito humano*], de Condorcet, é na realidade uma história da civilização no Ocidente, na qual existiu sim um período de decadência, correspondente à alta Idade Média, "mas onde a luz da razão reapareceria para nunca mais se apagar", ao passo que no Oriente, onde a decadência foi mais lenta (a referência é ao império bizantino), "ainda não se vê o momento em que a razão poderá iluminá-lo e romper-lhe as cadeias" (cito a partir da edição italiana do *Abozzo*, organizada por M. Minerbi, Torino, Einaudi, 1969, p.76.) A história da civilização nesta

OS INTELECTUAIS E O PODER

apologia de Condorcet identifica-se com o progresso científico, cujos inauguradores foram os grandes filósofos da época moderna, representantes das três nações europeias mais civilizadas, Galileu, Bacon e Descartes. Se o processo de civilização está destinado a continuar, ele deverá se estender da Europa para os demais continentes, que não esperam para tornar-se também eles civis tornando-se "amigos e discípulos" dos europeus.

Durante o século XIX, o ponto de referência histórico do despotismo muda outra vez: não mais a Turquia, não mais os grandes Estados orientais, mas a autocracia russa. Sobre a russofobia da época das revoluções europeias, e sobre a contraposição Inglaterra-Rússia, remeto à ampla documentação recolhida por Dieter Groh na obra *Russland und das Selbstverständnis Europas. Ein Beitrag zur europäischen Geistesgeschichte* (1961).[6]

Um dos intérpretes mais genuínos da ideologia europeia foi Carlo Cattaneo. Estudando sua obra, ficaram-me delineados, como nunca me acontecera antes, os traços essenciais dessa ideologia.[7] Na obra de Cattaneo, a concepção do primado europeu se conecta tanto à ideia do contraste liberdade-despotismo como à ideia do contraste progresso-estabilidade. Dessa concepção nasce a convicção de que a tarefa da Europa é a de despertar as nações do longo sono dos regimes despóticos. Para designar essa tarefa, Cattaneo usa a metáfora do "enxerto", com a qual procura repreender os europeus, "que não têm mais e não se interessam mais pela arte divina de insinuar entre os costumes bárbaros o enxerto de uma progressiva cultura".[8] Cattaneo distingue sistemas abertos e fechados (uma distinção que parece antecipar a distinção entre sociedades fechadas e abertas de Popper); os primeiros, característicos da Europa moderna em contínuo movimento, os segundos, próprios do mundo não europeu, sujeito a duas formas tradicionais e permanentes de despotismo, o sacerdotal e o militar. Os traços essenciais de todas as formas de despotismo são sempre a unicidade e a exclusividade do princípio

---

6 Cito esta obra a partir da tradução italiana, *La Russia* e *l'autocoscienza dell'Europa*. Torino, Einaudi, 1980.

7 Refiro-me ao livro *Una filosofia militante*. Studi su Carlo Cattaneo, Torino, Einaudi, 1971, em particular cap. III, parte 3, p.112ss.

8 C. Cattaneo, *Scritti politici*. Firenze, Le Monnier, 1964, v.III, p.334.

152 NORBERTO BOBBIO

inspirador, a uniformidade das ideias transmitidas, o nivelamento das aspirações, obtidos por uma "tetradisciplina" (à qual se contraporia, invertendo a expressão, uma "jubilosa liberdade"). Para Cattaneo, as raízes do despotismo, que é o momento negativo da história, devem ser buscadas ora no sistema cultural (os regimes sacerdotais), ora no sistema institucional (os regimes militares e burocráticos). Mas é um momento destinado a desaparecer na medida em que os princípios da civilização europeia difundam-se por toda a Terra: "Honramos em todos os povos a natureza humana e não cremos que algum deles tenha o despotismo como sua suprema esperança".[9]

Estreitamente ligada à ideia de progresso – de progresso na liberdade –, a ideologia europeia estava destinada a sofrer o contragolpe do rápido declínio dessa ideia, do qual também é possível estabelecer uma data precisa, o fim da Primeira Guerra Mundial, e indicar uma obra que o representou na forma mais crua, *Il tramento dell'Occidente* [*A decadência do Ocidente*] de Oswald Spengler, sem esquecer naturalmente o grande antecipador, Friedrich Nietzsche. A ideia de progresso teria talvez se dissolvido se não tivesse recebido uma nova razão de sobreviver com o advento do Estado soviético, no qual, após a conquista do poder pelo Partido Comunista e a consolidação do regime pelo férreo domínio de Stalin, desejou-se reconhecer uma nova encarnação do despotismo oriental.

Nos séculos XVI e XVII, como já se disse, a Moscóvia era habitualmente incluída entre as monarquias despóticas. Depois, com Pedro, o Grande, e com Catarina, a Rússia se aproximou da Europa, mas não a ponto de convencer Montesquieu de que havia saído do rol dos Estados despóticos: "*La Moscovie voudrait descendre de son déspotisme et ne le peut ... Le peuple n'est composé que d'esclaves attachés aux terres, et d'esclaves qu'on appelle ecclésiastiques ou gentilshommes, parce qu'ils sont les seigneurs de ces esclaves*" (XXII, 14).[10] Posteriormente, na época das guerras napoleônicas, a Rússia participara com plenos direitos no concerto das

---

9 C. Cattaneo, *Scritti storici e geografici*. Firenze, Le Monnier, 1957, v.III, p.90.

10 Em francês no original: "A Moscóvia gostaria de sair de seu despotismo e não o consegue ... O povo é composto apenas de escravos ligados às terras, e de escravos chamados eclesiásticos ou gentis-homens, porque são os senhores desses escravos". (N. T.)

OS INTELECTUAIS E O PODER

nações europeias, tanto que pela primeira vez um exército russo entra em Paris, mas não a ponto de convencer Hegel de que passara a fazer parte do corpo vivo das grandes monarquias constitucionais, que representavam a forma de Estado correspondente ao grau de desenvolvimento da civilização: "A Rússia e a Polônia só entraram tardiamente no rol dos Estados históricos e mantêm constante seu contato com a Ásia".[11] Para Hegel, a Rússia tornara-se sim um membro das nações europeias, mas permanecera um membro "passivo".[12] Não que faltassem juízos positivos a respeito da missão da Rússia por parte de escritores europeus, mas se tratava daqueles escritores reacionários que, após os erros da Revolução Francesa, contrapunham ao binômio liberdade-despotismo o binômio inverso legitimidade-revolução, e a Napoleão-Anticristo o místico czar Alexandre.[13]

Sabe-se bem que o êxito da Revolução Russa e a formação do Estado soviético tiveram o efeito de repropor a contraposição entre a liberdade ocidental e o despotismo oriental. Alexander Yanov, que recordei no início, indica e ilustra as mais conhecidas dessas interpretações, a do despotismo hidráulico de Wittfogel e a do despotismo bizantino de Toynbee. A contraposição entre sociedades policêntricas e sociedades monocêntricas não é, para Wittfogel, apenas um conceito polêmico, mas é também uma realidade histórica; no que diz respeito particularmente ao despotismo, ele toma da tradição seus traços mais salientes: o caráter absoluto do poder, o terror como instrumento de domínio, a longa duração no tempo, a estreita correlação entre poder político e poder religioso, entre monocracia e teocracia. A inovação consiste, como é sabido, na explicação do fenômeno, que abandona a linha meramente polêmica e toscamente psicológica da natureza servil dos povos para propor uma outra, de caráter econômico, baseada na necessidade que tiveram as grandes planícies asiáticas de regulamentar a irrigação e, em consequência, de organizar uma potente burocracia. No ensaio *Russia's Byzantine Heritage* (1947), Toynbee sustenta que "por cerca de um milênio os russos foram membros não da nossa civilização, mas da

---

11 G. W. F. Hegel, *Vorlesungen über die Philosophie der Geschichte*, que cito da tradução italiana *Lezioni sulla filosofia della storia*, Firenze, La Nuova Italia, 1947, v.I, p.270.
12 Ibidem, p.907.
13 Sobre este ponto cf. Groh, *La Russia e l'autocoscienza dell'Europa*, cit., p.90ss.

civilização bizantina", e na longa luta que travaram para conservar a independência diante do Ocidente procuraram a salvação na mesma instituição política que provocou a ruína do mundo bizantino: uma inexorável concentração de poder temporal e espiritual, que pode ser interpretada como "uma versão russa do Estado totalitário bizantino". Esta estrutura política recebeu duas vezes uma reencarnação, a primeira vez por obra de Pedro, o Grande, a segunda por obra de Lenin, já que "a União Soviética de hoje, assim como o grande principado de Moscóvia no século XIV, reproduz as características salientes do medieval Império Romano do Oriente".[14]

Não nos interessa a validade histórica dessas interpretações. Yanov tem toda razão ao considerar que tanto Wittfogel como Toynbee foram "prisioneitos impotentes do modelo bipolar", quer dizer, da interpretação simplista da história com base na dicotomia liberdade-despotismo, que teria dado origem a uma verdadeira e própria ciência do despotismo, que ele chama ironicamente de "despotologia". Mas na história das ideias que aqui nos interessa, é precisamente essa contínua recorrência do modelo bipolar que merece toda a nossa atenção, sendo motivo de particular interesse justamente o fato de que dois historiadores, e alguns outros antes deles, tenham sido "prisioneiros" do mesmo modelo. Quero dizer, com isso, que não menos importante do que a crítica, justíssima em termos históricos, do modelo bipolar e da sua nem sempre correta aplicação, é a extraordinária vitalidade desse mesmo modelo na história das ideias. Não se requer muita perspicácia para se dar conta de que a contraposição entre liberdade ocidental e despotismo oriental é uma ideologia, cujo valor foi essencialmente polêmico; porém, justamente porque se trata de uma ideologia, uma coisa é mostrar sua maior ou menor verdade, outra coisa é relevar sua eficácia prática, que é, afinal, o único critério com base no qual uma ideologia deve ser julgada.

É precisamente com respeito à eficácia, no terreno particular em que é lícito julgar o valor de uma ideologia, que não se pode deixar de constatar como a ideologia europeia foi-se extenuando. Antes de tudo, na teoria política contemporânea o próprio conceito de Estado despótico perdeu seu significado originário, e o conceito de "despotismo" é cada vez menos usado na linguagem técnica, conservando apenas seu genérico

---

14 Extraio dessas citações de Yanov, *Le origini dell'autocrazia*, op. cit., p.140ss.

significado polêmico na linguagem comum. Na linguagem técnica da filosofia e da ciência política, "despotismo" foi substituído por outros termos conceitualmente mais precisos, como "Estado totalitário", "Estado autoritário", "autocracia" etc. Tipologias mais complexas das formas de governo acabaram por romper o modelo bipolar, introduzindo critérios cruzados de classificação e multiplicando assim as possíveis subdivisões em que se passou a colocar as constituições políticas das várias épocas. Não sei se chegou a ser feita uma pesquisa exaustiva sobre o uso do termo "despotismo" na teoria política contemporânea. Limito-me a observar que na obra de Max Weber, que é um dos pilares da teoria política contemporânea, a categoria de "despotismo" não encontra qualquer lugar, substituída pelas várias formas que assumiram na história o poder tradicional, de um lado, e o poder carismático, de outro, com respeito ao poder racional-legal.

Se é verdade que o crepúsculo da ideia de progresso, que ocupou boa parte da consciência europeia, ocorreu após a Primeira Guerra Mundial, é igualmente verdade que o crepúsculo da ideologia europeia ocorreu sobretudo após a Segunda Guerra. Contribuíram para determinar a sua dissolução dois eventos que abalaram a história do mundo e suscitaram, nos "bons europeus", a *Schuldfrage*, o problema da culpa: o nazismo, de um lado, e o processo de descolonização, de outro. Com que ânimo poderíamos evocar ainda a "cidade periclediana" após Hitler? E as populações dos continentes extraeuropeus, que estavam se libertando do jugo das potências coloniais, não se punham então diante de nós, não para agradecer os decantados benefícios da civilização, mas para nos cobrar os prejuízos, o arruinamento, as espoliações, a exploração e, em muitos casos, o sangue derramado? Quais eram os povos civilizados, quais os bárbaros?

Houve nesses anos uma tendência a sustentar que o núcleo originário da ideologia europeia permaneceu intacto, mas que teria se dado uma transmigração, ou um transplante, da Europa para a América do Norte. Já no início do século passado, quando se começou a pressagiar no choque entre os Estados Unidos e a Rússia o contraste que dominaria a história futura, a América havia sido invocada como o "paládio da liberdade". De fato, é muito viva nos netos de George Washington a consciência (verdadeira ou falsa) de que são os herdeiros dos valores da civilização ocidental e, o que é mais importante, os defensores do "mundo livre" graças à potência das suas armas. Quem sabe não teria razão o velho Hegel, ao afirmar que o Espírito do mundo sempre avançara, e continuava a avançar, do Oriente para o Ocidente, seguindo o curso do Sol, e portanto talvez não se possa excluir que tenha concluído sua longa permanência na Europa, após cerca de 2.500 anos.

Quero acreditar que não seja verdade. Mas a incapacidade da Europa democrática de encontrar uma unidade que a permita pôr-se como Terceiro, ou mediador ou árbitro, entre as duas grandes potências, não nos dá muitas razões de esperança. A única razão para continuar a crer que a chama da liberdade não se apagou são os movimentos de revolta ocorridos repetidamente nesses anos, não obstante a inevitável e duríssima repressão, em alguns países submetidos ao domínio soviético. Nesses países, continua a estar viva a inspiração que, no triste momento das triunfantes ditaduras fascistas, Benedetto Croce chamara de "religião da liberdade", e na qual acreditara poder resumir a essência do espírito europeu.

A EUROPA DA CULTURA

Quando a Sociedade Europeia de Cultura foi fundada, a Europa estava abalada por uma longa guerra fratricida e dividida em duas partes contrapostas que não mais se reuniram. Ainda existia a Europa? Parecia então que se havia realizado a famosa profecia de Tocqueville:

> Il y a aujourd'hui deux grands peuples qui, partis de points différents, semblent s'avancer vers le même but: ce sont les Russes et les Anglo-Americains ... Leur point de depart est différent, leurs voies sont diverses. Néanmoins, chacun d'eux semble appelé par un dessein secret de la Providence à tenir un jour dans ses mains les destinées de la moitié du monde.[1]

Na realidade, esta profecia, tornada famosa pela autoridade de quem a pronunciara, não era sem precedentes. No final das guerras napoleônicas - uma época que, pela vastidão e pela duração da guerra em que se envolvera a Europa, foi sob muitos aspectos semelhante à nossa -, um historiador alemão do período da Restauração, autor de uma famosa mas

---

1 Em francês no original: "Existem hoje dois grandes povos que, partindo de pontos diferentes, parecem avançar em direção ao mesmo objetivo: os russos e os anglo-americanos ... Seu ponto de partida é diferente, seus caminhos são diversos. No entanto, cada um deles parece chamado por um desígnio secreto da Providência a deter um dia em suas mãos os destinos da metade do mundo". (N. T.)

pouco reconhecida história universal, *Allgemeine Geschichte von Anfang der historischen Kenntnis bis an unsere Zeit*, escreveu: "Se o partido que goza da confiança dos príncipes tivesse de obter uma vitória total, então a Ásia seria o espelho no qual poderíamos apreciar o nosso futuro"; apesar disso, a liberdade não desapareceria do mundo, pois "a Europa veria resplandecer ao longe, bem além do Oceano Atlântico, aquele fogo sagrado que ela sempre defendera". Houve mesmo quem, diante dos horrores da Revolução, chegou a prever e a esperar que a ascensão da potência russa seria a única possibilidade de uma regeneração da Europa com base na ordem e na tradição.

Não obstante tudo, a ideia orgulhosa de que a Europa estava no centro do Universo não se dissipara. O século XIX é a época da máxima expansão da potência europeia no mundo, e seus efeitos se refletem na consciência que a Europa tem de si mesma. A começar por Hegel, cuja concepção da história é eminentemente eurocêntrica. A história do mundo progrediu, segundo Hegel, do Oriente para o Ocidente, conforme o movimento do Sol, e durante séculos estacionou de modo estável no continente europeu. Na Europa, pode-se encontrar "um tipo mais universal de homem"; "a humanidade europeia parece ser mais livre, pois aqui não há nenhum princípio natural que se manifeste de forma dominante"; "a vida estatal europeia adquiriu o princípio da liberdade da pessoa singular".[2]

Uma das invenções do espírito europeu foi a filosofia da história, ou seja, a ideia de que a história humana, diferentemente da natureza, está em contínuo movimento e este movimento tem uma direção e uma finalidade. No que diz respeito à direção, os modernos contrapuseram à concepção cíclica e regressiva dos antigos uma concepção cíclica e progressiva, como a de Giambattista Vico, ou uma concepção não cíclica e progressiva, unilinearmente progressiva, que terminou por triunfar no Século das Luzes e continuou a dominar ao longo de todo o século XIX. A questão de saber se o gênero humano está em constante progresso rumo ao melhor, posta por Kant, foi respondida afirmativamente pela maioria dos filósofos, embora de diversos pontos de vista e com diversos argumentos. Ao mesmo tempo, porém, o progresso, ou seja, o constante

---

2 G. W. F. Hegel, *Lezioni sulla filosofia della storia*. Firenze, La Nuova Italia, 1947, v.I, p.271.

OS INTELECTUAIS E O PODER

movimento rumo ao melhor, era tido como uma característica exclusiva da história europeia. Progressiva era considerada não a história em geral, mas apenas a história da Europa. Se, diferentemente do que acreditavam os antigos, o progresso era um sinal da positividade da história humana, este sinal positivo distinguia unicamente a história europeia. As civilizações não europeias eram consideradas estacionárias, ou porque jamais haviam despertado ou porque tinham estado adormecidas durante séculos. Daí ser atribuída às nações europeias mais evoluídas, que se julgavam à testa do progresso civil, a tarefa de encaminhar aquelas civilizações pela estrada por elas já percorrida ou de despertá-las. Para Hegel, o mundo africano ainda não conseguira entrar no curso da história, era um mundo natural "em sua total barbárie e descontrole".[3] Com os grandes impérios da Ásia tivera início a história humana, mas essa havia sido até agora uma história sem movimento. A Ásia não estava, como a África, *fora* da história, mas permanecera *sem* história: "A China não tem propriamente uma história", dizia, de tal modo que falando da sua história mais remota fala-se simultaneamente do seu presente.[4] A célebre apologia do progresso humano, o *Abozzo di un quadro storico dei progressi dello spirito umano* [*Esboço de um quadro histórico dos progressos do espírito humano*], de Condorcet, é na realidade a história da civilização do Ocidente.

O critério com base no qual se avaliava o progresso ou a decadência de uma nação podia variar de um autor para outro. Mas o critério dominante foi o da liberdade: a história humana era progressiva como história da liberdade, como história da progressiva libertação do homem das várias formas de escravidão a que estivera submetido em sua história. A passagem da humanidade do reino da necessidade para o reino da liberdade – vaticinada por Marx – pode ser considerada uma das expressões mais representativas da confiança oitocentista no progresso, da qual, mais uma vez, o maior estímulo havia sido posto pela filosofia hegeliana da história. A história humana – ensinava Hegel nas suas *Lezioni sulla filosofia della storia* [*Lições de filosofia da história*] na Universidade de Berlim – é o progresso na consciência da liberdade. E reafirmando a sua interpretação eurocêntrica, dizia que os orientais

---

3 Ibidem, p.243.
4 Ibidem, v.II, p.16.

tinham sabido que apenas um era livre, o mundo grego e romano soubera que apenas poucos eram livres e somente nós europeus sabemos que todos são livres, que o homem é livre como homem. Como se vê, se a história humana era progressiva como história do progresso na liberdade, o campo de realização desta história era unicamente o mundo europeu. Concepção progressiva da história e interpretação da história como movimento rumo à liberdade são ideias europeias dominantes estreitamente entrelaçadas, e ambas contribuem para a formação da consciência europeia como consciência do primado da Europa sobre as outras partes do mundo.

Essas duas antíteses fundamentais, progresso-imobilismo, liberdade-despotismo, formam o núcleo essencial daquela que, em outro lugar, chamei de ideologia europeia, quer dizer, o conjunto das crenças com base nas quais foi-se formando a consciência da Europa em confronto e em contraste com o mundo extraeuropeu.

Enquanto deve a posição da primeira antítese à tradição judaico-cristã que tende a projetar a história do homem para o futuro, para aquilo que ainda vai ocorrer, a Europa deve a segunda antítese ao mundo clássico, à contraposição, já então bem assinalada em uma conhecida passagem de Aristóteles, entre as livres formas de governo das cidades gregas e os Estados déspoticos do Oriente tolerados por povos naturalmente servis. Com o processo de secularização, que ocorre na época moderna após as guerras religiosas, a história providencial dos escritores cristãos transforma-se em história do progresso do Espírito humano segundo os filósofos iluministas, mas persiste a ideia de uma história projetada que procede, em etapas mas inexoravelmente, rumo a um fim preestabelecido. Quanto à outra antítese, ela retorna nas diversas épocas, toda vez que um grande Estado do Oriente se apresenta ameaçadoramente, pondo em perigo a liberdade europeia: nos séculos XVI e XVII a Turquia, no século XIX a Rússia, no século XX a China e o Japão.

Quando nos reunimos para dar vida à Sociedade Europeia de Cultura, a consciência deste primado já se havia extenuado. Estávamos perfeitamente convencidos disto. Não era a primeira vez que se falava de "crise da consciência europeia", mas agora se falava disto com um sentimento mais profundo de resignação, ou mesmo com um complexo de culpa: a *Schuldfrage* agitava não só os derrotados, mas também os vencedores. Em seu famoso livro, *La crise de la conscience européenne*, Paul Hazard descrevera a transformação da cultura europeia na passagem

OS INTELECTUAIS E O PODER

do século XVII para o XVIII. Mas tratava-se de uma crise, ou melhor, de uma modificação, dentro da Europa. Em 1950, a expressão "crise da consciência europeia" tinha um significado muito mais vasto: era a consciência de uma mudança radical com respeito à posição que a Europa tivera, ou havia acreditado ter, diante dos outros continentes. Era, em outras palavras, a consciência de que a Europa havia perdido a coroa e o cetro de rainha da civilização. Ou, mesmo, de que não era mais digna deles.

Antes de tudo, ninguém mais acreditava na ideia de progresso, na ideia do progresso irresistível, irreversível, indefinido. Como as nações tinham nascido e crescido, não havia nenhuma razão para que não pudessem envelhecer e morrer. Voltava-se a falar de "grandeza e decadência" das nações, como no tempo em que o campo de observação da filosofia da história era o mundo antigo, observação esta que havia sugerido a Vico a ideia do medievo como "barbárie retornada". À reflexão sobre o "crepúsculo" do mito do progresso, um estudioso italiano dedicou recentemente um livro iluminador.[5] Deste crepúsculo podemos estabelecer a data precisa, o fim da Primeira Guerra Mundial, e indicar uma obra que o representou de maneira memorável, acolhida com aplausos entusiásticos e com desprezíveis invectivas (Thomas Mann definiu o autor como um "Defätist der Humanität"), Der Untergang des Abendlandes [A decadência do Ocidente], de Oswald Spengler. Sem esquecer, naturalmente, Les illusions du progrès, de Georges Sorel, publicado como sinal premonitório em 1906, e o verdadeiro grande profeta do niilismo, Friedrich Nietzsche, que se reputava predestinado a instilar nos espíritos fortes a ideia de que o mundo está dominado pela vontade de potência: "Querem saber o que é o mundo para mim?", perguntava-se, e respondia: "Um monstro de força sem princípio e sem fim, uma sólida e brônzea massa de força, que não se torna nem maior nem menor, que não se consome mas apenas se transforma ... Um mar de forças tumultuantes e enfuriadas em si mesmas, em perpétua modificação, em perpétuo refluxo etc.". Concluía: "Querem um nome para este mundo?". Respondia: "Este mundo é a vontade de potência".[6]

---

5 G. Sasso, *Tramonto di um mito*. L'idea di "progresso" fra Ottocento e Novecento. Bologna, Il Mulino, 1984.

6 Tomo a citação de Sasso, op. cit., p.103.

A ideia de progresso nasceu na época moderna juntamente com o desenvolvimento da ciência e da técnica, que mostrara ser desde então, como ficou demonstrado, irreversível. Mas apenas teve a sua consagração quando se formou a convicção de que o progresso científico seria a condição necessária do progresso dos costumes e das instituições, e de que, portanto, as nações científica e tecnicamente mais avançadas seriam também as nações mais civilizadas. Em outras palavras, uma das razões da persistência do mito do progresso foi a convicção de que progresso científico e moral, progresso material e espiritual, caminhariam lado a lado. Tal convicção estava destinada a sofrer um duríssimo golpe daquele evento decisivo, tão desconcertante como imprevisível, que foi a Primeira Guerra Mundial. As potências que tiravam vantagem do avanço de seu saber científico, da excelência da sua universidade, do refinamento de seus costumes, da perfeição de seus sistemas políticos chocaram-se em um conflito cruel, sangrento, selvagem, que não tinha precedentes na história da barbárie humana.

Logo após iniciou-se aquela que Elie Halévy chamou de *"L'ère des tyrannies"*. E esta teve a sua quase necessária conclusão na catástrofe da Segunda Guerra Mundial. Estava posto à prova o outro componente da ideologia europeia, a ideia de liberdade. Depois de Hitler, dos campos de extermínio, da "solução final", com que coragem seria possível evocar aquela *"Europe raisonnable"* exaltada pelos bons democratas do século passado, convencidos de que a Revolução Francesa, não obstante os seus excessos, havia inaugurado uma época nova e posto as condições para um irreprimível aumento de liberdade? As populações dos continentes extraeuropeus, cuja libertação fora o efeito indireto das desgraças que se abateram sobre as cidades europeias, não cobrariam a conta das espoliações sofridas, da exploração e, em muitos casos, do sangue derramado? Não estavam talvez se invertendo os papéis entre aqueles que haviam interpretado durante séculos a parte dos civilizados e aqueles que haviam sido obrigados a interpretar a parte dos bárbaros? Quem eram os civilizados, quem eram os bárbaros?

A Europa foi destruída. Destruiu-se por si mesma. Pela segunda vez no espaço de 30 anos. Dos campos de Verdun à batalha de Stalingrado, foram exterminados milhares e milhares de seus homens, vítimas inocentes do delírio de potência de uns e da cegueira política de outros. Ainda existia a Europa? Não podíamos deixar de fazer a nós mesmos essa pergunta diante do espetáculo das casas demolidas, dos imensos

OS INTELECTUAIS E O PODER

ossuários humanos dos campos de extermínio, das multidões de desorientados que vagavam de país em país em busca de uma pátria que tinham perdido, daqueles que retornavam a suas casas após anos de prisão. Ainda existia a Europa, depois que no coração desta pátria comum haviam se encontrado dois exércitos estrangeiros que a percorreram abatendo dia após dia a resistência do inimigo sempre furiosa, tenaz, obstinada, mesmo quando já não existiam mais esperanças? Chegara o momento de dizer *"finis Europae"*, após séculos de exaltação, para o bem e para o mal, do espírito europeu?

Não obstante tudo, a Europa sobrevivera. Sobrevivera graças aos homens que lhe haviam defendido o espírito, não se deixando submergir pelas novas doutrinas (que, de resto, eram bem velhas) da potência, da raça ou do sangue como único critério para distinguir o bem e o mal. Em 1932, no ano em que o fascismo celebrava seu decenato, Benedetto Croce publicou a *Storia d'Europa nel secolo decimonono*, que começava com o célebre capítulo dedicado à *religião da liberdade*, no qual resumia com palavras elevadas e solenes, que ficaram esculpidas em nossa memória, o caráter distintivo do século em que a civilização europeia tivera a sua máxima expansão. Em uma rápida e eficaz síntese, escrevia:

> Grécia e Roma haviam transmitido as memórias dos inúmeros heróis da liberdade, e de gestos sublimes e de tragédias nas quais, magnanimamente, refutara-se a vida em nome da liberdade "que é cara". Liberdade tinha sido invocada pelos cristãos e por suas igrejas; liberdade, pediram as comunas contra os imperadores e os reis, os feudatários e os barões contra os mesmos reis e imperadores, e estes por sua vez contra os barões e os grandes vassalos e contra as comunidades usurpadoras de direitos soberanos; liberdade, exigiram os reinos, as províncias, as cidades, solicitando seus próprios parlamentos, capítulos e privilégios, contra as monarquias absolutas que se desembaraçavam ou tentavam se desembaraçar destes obstáculos e limites à sua ação. A perda da liberdade havia sido sempre considerada causa ou sinal de decadência nas artes, nas ciências, na economia, na vida moral, quer se olhasse para a Roma dos Césares ou para a Itália dos espanhóis e dos papas.[7]

Em 1933, ano da ascensão de Hitler ao poder, Julien Benda, que alguns anos antes havia escrito palavras inesquecíveis sobre a "traição dos

---

7 B. Croce, *Storia d'Europa nel secolo decimonono*. Bari, Laterza, 1932, p.11.

164 NORBERTO BOBBIO

clérigos", publicava *Discours à la Nation Européenne*, no qual sustentava que a crise da Europa nascera com a sua diferenciação em tantas pátrias diversas em luta entre si pela hegemonia, não só cultural, mas econômica. A história da Europa, precisava Benda, expressou alternativamente uma tendência à universalidade e uma tendência ao particularismo. Hoje, esta tendência alcançou tal ponto de paroxística intensidade que ou se retrocede ou se se destrói em uma guerra sem fim. Mas para fazer a Europa é preciso antes de tudo a ideia de Europa. E esta é a tarefa dos intelectuais. Aos intelectuais, não aos poderosos do dia, ele dirige o discurso:

> Também aqui a Europa se fará como se fizeram as nações. A França fez-se, porque em cada francês sobrepôs-se, ao amor pelo próprio campo ou pela própria província, o amor por uma realidade que transcende aquelas coisas rusticamente tangíveis, o amor por uma ideia ... O mesmo acontecerá com a Europa. Ela será a vitória de uma ideia sobre o amor por aqueles objetos diretamente sensíveis que são, com respeito a ela, as nações.

Com este seu característico modo de pensar por antíteses rígidas que muitas vezes o fez sentir-se distante apesar da nobreza das intenções, Benda dirige aos intelectuais este férvido apelo: "Voltem ao eterno, e toda a vociferação daquilo que é nacional se apagará em seus corações ... A Europa será eminentemente um ato moral".[8]

Outro grande espírito europeu, Thomas Mann, exilado nos Estados Unidos, lançara quase diariamente pela rádio, durante a Guerra, suas apaixonadas *Moniti all'Europa* [*Advertências à Europa*] que, reunidas em um volume depois da Guerra, estão entre as páginas mais nobres e ásperas escritas para denunciar a barbárie nazista, que ainda hoje não podem ser lidas sem um frêmito e um sentimento de angústia pelo abismo em que estávamos por cair. A propósito da "Nova Ordem" nazista, escreve:

> Ela é efetivamente capaz de nos destruir até mesmo a ideia de "Europa" ... O conceito "Europa" nos era caro e precioso, algo de natural ao nosso pensamento e ao nosso querer. Era o contrário da angústia provinciana, do egoísmo limitado, da rudeza e da incultura nacionalista,

---

8 Cito da tradução italiana: J. Benda, *Discorso alla nazione europea*. Torino, Libreria Editrice Eclettica, 1945, p.35.

OS INTELECTUAIS E O PODER 165

queria dizer liberdade, grandeza, espírito e bondade. Europa era um nível, um padrão cultural; um livro, uma obra de arte eram bons se atingiam um valor europeu. O nacional-socialismo se assenhoreou do conceito. Também ele diz "Europa", mas do mesmo modo como diz "revolução", "paz" ou "pátria". Não é a Alemanha que deve se tornar europeia, mas a Europa que deve se tornar alemã.[9]

O tema dominante desses discursos à nação alemã (que lembram aqueles de Fichte durante as guerras napoleônicas) é que o nazismo emporcalhou tudo aquilo em que tocou. Se a Europa tiver de renascer, não será no "estilo ignominioso" do nazismo. "Será preciso começar uma obra geral de restauração espiritual quando Hitler for abatido. Para restaurar, acima de tudo e ao mesmo tempo, no coração dos melhores, a ideia de Europa, que era uma ideia de liberdade, de honra internacional, de simpatia e colaboração humana, e que deve voltar a sê-lo".[10]

A Europa, portanto, não obstante a "barbárie retornada", não estava morta. Não estava morta graças a seus melhores intelectuais, que lhe haviam conservado a memória, reconstruído a história, mantido vivo o espírito. Era pois chegado finalmente o momento de superar os antigos antagonismos e de dar vida a uma Europa politicamente unida? O projeto dos Estados Unidos da Europa não era novo. Haviam-se ocupado dele, entre outros, dois protagonistas do *Risorgimento* italiano, Carlo Cattaneo e Giuseppe Mazzini. Em Lugano, aparecera em 1944 o opúsculo de Ernesto Rossi, *Gli Stati Uniti d'Europa*; em janeiro de 1945, com um Prefácio de Eugenio Colorni, sai o Manifesto de Ventotene, escrito, alguns anos antes do desterro por Ernesto Rossi e Altiero Spinelli, que continha o programa daquele que se tornaria o Movimento pela Unidade Europeia. Como escreve o próprio Spinelli no livro autobiográfico, há pouco publicado, *Come ho tentato di diventare saggio*, a inspiração viera a eles de velhos artigos de Luigi Einaudi, publicados após a Primeira Guerra Mundial (depois várias vezes republicados), e relegados, quando publicados, à indiferença geral. Independentemente dos autores do Manifesto, um outro representante da diáspora antifascista, exilado em Genebra, Umberto Campagnolo, pusera-se o mesmo problema. Em fevereiro de 1945 publicou um opúsculo, intitulado *Repubblica federale europea*, cuja

---

9 Thomas Mann, *Moniti all'Europa*. Milano, Mondadori, 1947, p.262-3.
10 Ibidem, p.264.

ideia central era que, agora, tornava-se necessário fazer o federalismo europeu passar da utopia à ciência, passagem esta que não podia ocorrer por obra dos Estados, que procurariam conservar enciumadamente a própria soberania (jamais uma previsão foi mais justa, como prova o fato de que após 40 anos a Europa unida ainda não se realizou), mas apenas por um processo de baixo para cima por iniciativa e obra dos povos.

Mas as ilusões a respeito da possibilidade de unificação europeia a curto prazo logo caíram por terra. Com a Conferência de Ialta, em fevereiro de 1945, a razão de Estado, ou melhor, a razão dos Estados vencedores, que dividiram os Estados europeus em dois blocos contrapostos entre os quais cairia aquela que seria chamada de "Cortina de ferro", prevaleceu sobre os razoáveis ideais de alguns "bons europeus". Campagnolo deu-se conta imediatamente disso. Compreendeu que a solução política da Europa era prematura e que o problema europeu era, ainda uma vez, como fora durante os anos de ferro e fogo, um problema mais cultural que político. A Europa jamais havia sido uma unidade política, não obstante as vozes isoladas de alguns precursores, e nada fazia pensar que assim se tornaria no curto prazo. Há séculos ela era, porém, uma unidade espiritual. À espera da Europa política, por que não apelar para a Europa da cultura? A política divide, a cultura une. A política volta-se sempre para a defesa do Estado contra os outros Estados, até ser instituída a *civitas maxima*. A cultura é, por sua própria natureza, universal. A política vive e cresce no conflito, até mesmo no conflito a sangue representado pela guerra; a cultura, ao contrário, vive e cresce no diálogo, no diálogo das partes, acima das partes.

O diálogo entre os homens de cultura europeus tornara-se ainda mais necessário na medida em que a Europa política não só não havia se unido, mas sido dividida com um talho claro, uma parte daqui outra parte dali, pela linha que dividia os dois blocos. Uma razão a mais para se distanciar dos movimentos pela unificação europeia estava na sua forçada aceitação desta divisão. A Europa, de cuja unidade política se falava, não era toda a Europa segundo a história, a geografia e a tradição de pensamento que não conhecia fronteiras, mas era uma parte da Europa ocidental. A Alemanha Oriental, a Tcheco-Eslováquia, a Polônia, a Hungria por acaso não eram, no pleno sentido da palavra, nações europeias? Desde as primeiras linhas do artigo sobre as "Origines de la société européenne de culture", que Umberto Campagnolo publica no primeiro número de *Comprendre*, por ocasião da assembleia constitutiva

OS INTELECTUAIS E O PODER

da Sociedade no final de maio de 1950, pode-se ler: "*Son but principal devait être de sauvegarder la possibilité si essentielle entre hommes de culture d'un colloque menacé par l'exaspération de la lutte politique tendant à partager l'Europe en deux champs toujours plus irréductiblement fermés l'un à l'autre*".[11] A escolha de Veneza como sede da Sociedade não é casual: Veneza teve a grande função histórica de constituir uma ponte entre o Ocidente e o Oriente europeu. Toda vez que nos documentos da Sociedade se fala da unidade europeia, é a unidade histórica e cultural que vêm à tona, não a política, fracionada. No preâmbulo do projeto de estatuto publicado no mesmo fascículo, lê-se:

> *Nous ne pouvons accepter que s'établisse une rupture irréparable entre l'Est et l'Ouest, quel que soit la violence du conflit qui les oppose. Et c'est aux hommes de culture qu'il appartient d'exprimer ce refus, responsables qu'ils sont, chacun pour sa part et en son lieu, de la culture toute entière qui nous apparait aujourd'hui comme un facteur essentiel pour toute la vie sociale.*[12]

O problema das relações entre Ocidente e Oriente europeu era enfrentado expressamente no terceiro fascículo da revista. Ao propor o tema aos colaboradores, o secretário-geral escrevia:

> *Il nous semble possible d'affirmer que, loin de nous trouver en présence d'antinomies irréductibles, nous sommes au contraire en face, dans chaque cas, de deux aspects d'une civilisation unique, de deux moments de son développement, de deux expressions historiques d'une même réalité étique, culturelle, sociale.*[13]

---

11 Em francês no original: "Seu principal objetivo deveria ser o de salvaguardar a possibilidade, tão essencial entre homens de cultura, de um colóquio ameaçado pela exasperação da luta política que tende a dividir a Europa em dois campos cada vez mais irredutivelmente fechados um ao outro". (N. T.)

12 Em francês no original: "Não podemos aceitar que se estabeleça uma ruptura irreparável entre o Leste e o Oeste, qualquer que seja a violência do conflito que os opõe. É aos homens de cultura que compete exprimir esta recusa, responsáveis que são, cada um por sua parte e em seu espaço, pela cultura como um todo que nos aparece, hoje em dia, como um fator essencial para toda a vida social". (N. T.)

13 Em francês no original: "Parece-nos possível afirmar que, longe de nos encontrarmos na presença de antinomias irredutíveis, estamos ao contrário, em cada caso, diante de dois aspectos de uma civilização única, de dois momentos de seu desenvolvimento, de duas expressões históricas de uma mesma realidade ética, cultural, social". (N. T.)

168   NORBERTO BOBBIO

O fascículo inclui algumas páginas do diário inédito de Romain Rolland, um dos poucos homens de cultura que durante a Primeira Guerra Mundial havia inscrito na sua insígnia de escritor o mote *"au-dessus de la mêlée"*. Estas páginas começam com uma frase que frequentemente repeti a mim mesmo, pois exprime bem minha própria atitude diante da política:

> *Je ne suis pas un homme d'action, je n'étais pas fait pour l'action, je suis un contemplatif qui aime à voir, à comprendre, à chercher le rythme et l'harmonie cachés. Cependant, la sincérité même d'un vision indépendente et un instinct de justice m'ont, deux ou trois fois dans ma vie, forcé a prendre parti dans l'action contre l'insolente tyrannie d'une opinion publique oppressive et degradante.*[14]

No mesmo fascículo há um texto, então inédito e em grande parte autobiográfico, de Thomas Mann, Mon temps [Meu tempo], perfeitamente sintonizado com o espírito animador da Sociedade: contra toda forma de cruzada, contra este "conflito crônico" que

> *maintient en tout cas les peuples dans un état de dépression liés dans la haine et la peur, les oblige à gaspiller le meilleur de leur force au service de cette haine et de cette peur, entrave tout, refrène tout, empêche tout progrès, abaisse intel-lectuellement les hommes, paralyse chez les grandes nations le sentiment de l'équité, les prive de raison et rend chacune risible aux yeux de l'autre, par les sottises auxquelles les induisent la folie de la persécution et la folie persécutante* (p. 79)[15]

Contra a divisão do mundo em eleitos e réprobos, o grande escritor eleva um hino à paz, exprime com força a convicção de que a humanidade

---

14 Em francês no original: "Não sou um homem de ação, não fui feito para a ação, sou um contemplativo que adora ver, compreender, buscar o ritmo e a harmonia ocultos. Entretanto, a sinceridade mesma de uma visão independente e um instinto de justiça me forçaram, duas ou três vezes na vida, a tomar partido na ação contra a insolente tirania de uma opinião pública opressiva e degradante". (N. T.)

15 Em francês no original: que "mantém os povos em um estado de depressão, ligados pelo ódio e pelo medo, obrigando-os a desperdiçar o melhor de sua força a serviço deste ódio e deste medo, entravando tudo, refreando tudo, impedindo todo progresso, rebaixando intelectualmente os homens, paralisando nas grandes nações o sentimento de equidade, privando-os de razão e tornando cada um risível aos olhos dos demais, pelas tolices às quais os conduzem à loucura da perseguição e à loucura persecutória". (N. T.)

OS INTELECTUAIS E O PODER

deve encontrar um novo equilíbrio, caso não queira precipitar-se de novo na guerra, em uma guerra desta vez ainda mais sangrenta do que aquela de que acabara de sair:

> *Du fond des poitrines humaines s'exhale aujourd'hui ce cri: "La paix, pour Dieu, la paix!". De l'Amérique et de la Russie, ces deux géants ... l'un doit-il fatalement écraser l'autre comme Fafner écrase Fasolt, pour dormir seul sur le trésor du monde? Il n'y aura plus rien sur quoi le vainqueur puisse allonger son ventre de dragon? La bombe à l'hydrogène sera leur massue, elle ne laissera plus subsister rien, nul trésor digne d'être gardé, pas même la démocratie. (p.80)[16]*

A Sociedade Europeia de Cultura, portanto, nascera da convicção de que era preciso salvaguardar a unidade espiritual da Europa contra a política dos dois blocos contrapostos e de que essa seria a tarefa específica dos homens de cultura: quer dizer, a tarefa *política* dos homens de cultura, daquela política que é própria deles e que chamamos até agora e continuamos a chamar de "política da cultura". Unidade da Europa e política da cultura eram problemas estreitamente vinculados, e de fato haviam nascido juntos em nossos debates. Porém, o pressuposto desta postura diante da unidade europeia era a convicção de que existia uma civilização europeia e de que esta civilização tinha algum traço característico que a distinguia de outras civilizações.

Ao tema da "realidade da Europa" foi dedicado o nono número de *Comprendre*, de setembro de 1953. Em um artigo intitulado "Responsabilités européennes" ["Responsabilidades europeias"], Campagnolo esclarecia de uma vez por todas as razões da nossa ação, com as seguintes palavras: "*La menace que constitue pour la culture la formation de blocs idéologiques et politiques, nous a obligé à prendre conscience du rôle historique de la culture et par suite d'en définir sa politique*" (p.82).[17] Com uma

---

16 Em francês no original: "Do fundo do peito dos homens ouve-se hoje esse grito: 'A paz, por Deus, a paz!'. A América e a Rússia, esses dois gigantes ... um deve fatalmente esmagar o outro, assim como Fafner esmagou Fasolt, para dormir sozinho sobre o tesouro do mundo? Não existirá mais nada sobre o que o vencedor possa estender seu ventre de dragão? A bomba de hidrogênio será sua clava, ela não deixará subsistir nada, nenhum tesouro digno de ser protegido, nem mesmo a democracia". (N. T.)

17 Em francês no original: "A ameaça constituída para a cultura pela formação dos blocos ideológicos e políticos obrigou-nos a tomar consciência do papel histórico da cultura e, por extensão, definir sua política". (N. T.)

fórmula que se tornaria posteriormente um ponto de referência em nossos debates, muitas vezes contestada e contrastada, mas sempre defendida com apaixonada eloquência por seu autor, ele definiu a civilização europeia como "civilização do universal", querendo com isso dizer que ela sempre teve a tendência a considerar a experiência humana *sub specie universali*. Graças a essa tendência, ela não se fecha em nenhuma de suas criações e não está satisfeita com nenhuma de suas conquistas, o que explica, entre outras coisas, que a filosofia e a ciência sejam as formas típicas do seu saber e que suas instituições sejam relativamente instáveis, que ela seja *"curieuse, expansive et missionnaire; qu'elle combatte et détruise toutes les idoles, viole tous les interdits, récuse tous les tabous; que son esprit d'aventure l'emporte sur la prudence; qu'elle ne rêve pas d'une âge d'or ensevelie dans le passé mais invente la notion du progrès"* (p.79).[18] O que este espírito de aventura explica ainda melhor é a atitude que a Europa assumiu perante as outras civilizações: ela as criou, as descobriu, as influenciou tanto no bem como no mal, revelou-as a si mesmas.

A estas palavras de Campagnolo fez coro o esplêndido trecho com que Thomas Mann concluiu a carta endereçada à Sociedade em 10 de maio de 1953, intitulada "Retour de l'Amerique" ["Retorno da América"], na qual reflete sobre suas experiências americanas após 15 anos de exílio voluntário, que em um primeiro momento recusara abandonar (e o anunciara na famosa carta "Perché non torno in Germania" ["Por que não volto à Alemanha"]). Ei-lo aqui (p.95):

> *La perspective millénaire de l'Europe, son expérience de la souffrance, sa certitude que tous s'écoule, tout n'a qu'un temps, que la prudence devient folie et le bienfait calamité, son scepticisme muri, sa compréhension de ce qu'a de condamné une attitude contraire à la volonté de l'esprit du monde, une attitude que s'obstinerai à se cramponner au muable, lui assignent le rôle de médiateur appliqué à éviter une catastrophe sans nom, plus qu'à être le troupier, le soldat mercenaire lié unilatéralement, voué à être la première victime de cette gigantomachie. Ce n'est dans la liberté qu'il lui sera loisible de se retrouver et de récuperer sa dignité.*[19]

---

18 Em francês no original: "curiosa, expansiva e missionária; que ela combata e destrua todos os ídolos, viole todos os interditos; recuse todos os tabus; que seu espírito de aventura a estabeleça sobre a prudência; que ela não sonhe com uma idade de ouro escondida no passado, mas invente a noção de progresso". (N. T.)

19 Em francês no original: "A perspectiva milenar da Europa, sua experiência do

OS INTELECTUAIS E O PODER 171

São palavras que, à distância de mais de 30 anos, não perderam nada da sua força persuasiva.

Com a expressão "vocação universal", jamais se pretendeu dizer que a civilização europeia fosse universal no sentido de que fosse a única forma possível de civilização, a civilização por excelência. Tal concepção teria perpetuado a contraposição entre civilização europeia e barbárie, exasperando, em um certo sentido, a "ideologia europeia". Jamais como hoje nos tornamos conscientes da pluralidade das culturas e da necessidade de reconhecê-las. Falando de "vocação universal" desejávamos dizer que, por seu espírito de aventura, por sua vontade de expansão, por sua inquietação teórica e prática, a Europa, para o bem e para o mal, com a consciência e a potência – a maior potência derivada da maior consciência –, pôs as condições, independentemente das reais intenções de seus protagonistas, para fazer do gênero humano uma única sociedade: a sociedade não deste ou daquele grupo, nação ou continente, mas da inteira humanidade. Quando Campagnolo falava do "*caractère inquiet et inquietant de cette civilisation, par laquelle, pour ainsi dire, l'homme vit physiquement en état de révolution*",[20] meu pensamento corria para a interpretação que Kant havia dado da história humana, quando dissera que a grande mola do desenvolvimento do homem em todas as suas faculdades é o antagonismo, a "natural insociabilidade" da qual nascem por contraste a cultura e a arte, e o melhor ordenamento possível:

> O homem quer a concórdia; mas a natureza sabe melhor do que ele o que é bom para sua espécie: ela quer a discórdia. O homem quer viver cômoda e prazerosamente, mas a natureza quer que ele, saído do estado de preguiça e de satisfação inativa, enfrente dores e fadigas para inventar os meios de se libertar, com sua habilidade, até mesmo dessas dores e fadigas.

---

sofrimento, sua certeza de que tudo passa, tudo tem um tempo, de que a prudência se torna loucura e o benefício calamidade, seu ceticismo maduro, sua compreensão do que há de condenável numa atitude contrária à vontade do espírito do mundo, uma atitude obstinada em se agarrar ao variável atribuirão a ela o papel de mediador dedicado para evitar uma catástrofe sem nome, mais que o de ser o militar, o soldado mercenário atado unilateralmente, consagrado a ser a primeira vítima desta gigantomaquia. Não é senão na liberdade que lhe será permitido reencontrar-se e recuperar sua dignidade". (N. T.)

20 Em francês no original: "caráter inquieto e inquietante desta civilização, pela qual, por assim dizer, o homem vive fisicamente em estado de revolução". (N. T.)

Também esta era, embora não no campo da teoria do conhecimento, mas no campo da interpretação da história, uma "revolução copernicana": aquela que fazia da discórdia e não da concórdia, da desordem e não da ordem, da inquietação e não da passiva aceitação do destino, o princípio animador da história humana.

Não há na história da cultura europeia, em minha opinião, representação mais elevada desta "vocação universal" do que o Ulisses dantesco: o que impele Ulisses e seus companheiros para além das colunas de Hércules, que eram o limite além do qual ninguém havia ousado se aventurar, é unicamente o desejo de conhecer, "o ardor" de se tornar "do mundo experto". Este desejo, este ardor, é o que constitui, aos olhos de Ulisses, a essência da natureza humana, a "vossa semente", como ele diz aos companheiros, pela qual os homens não nasceram para viver "como brutos", mas para "seguir virtudes e conhecimentos".

O que nos distingue de Ulisses é que o herói dantesco considera "louca" a própria viagem, tão louca que está destinada a fracassar: quando a nave se aproxima do grande monte de que nenhum mortal deveria ousar se aproximar, um inesperado temporal acaba por arrastá-la e submergi-la. Ulisses, ou melhor, Dante, o intérprete medieval de Ulisses, vivia em um mundo no qual a Terra ainda não era considerada o *regnum hominis*". Mas, e agora? Agora, o homem não conhece outros limites senão os que derivam de si mesmo. Dante não dá nenhuma explicação do naufrágio, mas deixa entender que ele foi a consequência de uma ultrapassagem de limites impostos ao homem por uma potência superior a ele. Ulisses violara o mandamento de um deus desconhecido e imperscrutável. Mas a explosão da ciência moderna nasceu do desconhecimento de qualquer limite deste gênero, por um gradual processo de dessacralização da natureza, que Weber chamou de *Entzäuberung* [desencantamento]. O único limite que a ciência moderna reconhece é o que deriva da potência dos próprios instrumentos, mas este é um limite que tem sido continuamente superado, num esforço por si mesmo (não é uma contradição) ilimitado. Kant põe seu ensaio *Was ist Aufklärung?* sob a insígnia da máxima horaciana *Sapere aude*, que os iluministas tinham contraposto à advertência paulina: "*Noli altum sapere, sed time*" (*Rom.* II, 20).[21] Depois

---

21 Fui estimulado a esta reflexão por Carlo Ginzburg, com seu ensaio "L'alto e il basso. Il tema della conoscenza proibita nel Cinquecento e Seicento", em *Aut-Aut*, n.181,

OS INTELECTUAIS E O PODER

de ter dito que o Iluminismo é a saída do homem do estado de menoridade que deve ser imputado a si mesmo, Kant comenta a máxima com as seguintes palavras: "*Sapere aude!* Tem a coragem de servir-te da tua própria inteligência!".

Os antigos distinguiam a coragem da temeridade, entendida como um excesso de coragem, como uma coragem irresponsável, que não avalia até o fundo o risco da própria ação (o que se denominaria, na teoria das decisões, um risco não calculado). Hoje devemos nos perguntar se na ousadia de saber, que é própria da razão iluminista, não teria sido superada a fronteira entre coragem e temeridade. Quando São Paulo recomendava que não se tivesse temor, contrapunha o saber ao temor, e se referia ao temor de Deus. Mas hoje não existiria um temor que deriva do próprio saber, que é ele mesmo um produto do saber, do excesso de saber, da total ausência de temor das consequências das próprias ações, da inexistente consideração do risco em que consiste a temeridade como coragem perversa? Nós nos libertamos ou acreditamos termos nos libertado do temor de Deus, mas não o teríamos substituído pelo temor daquele deus mortal, como o chamava Hobbes, ou daquele deus terreno, como o chamava Hegel, que é o Estado? O Estado sempre mais onipotente, sempre mais invasivo, sempre mais ameaçador e terrível, especialmente nas relações com os outros Estados? Será que o mundo internacional não viveria hoje sob a insígnia do medo, do medo de uma catástrofe que nem mesmo o mais fanático adorador de um deus vingativo teria podido imaginar? Naquele estupendo livro que é *Massa e poder*, Elias Canetti escreveu:

> Todos os medos de uma força sobrenatural que possa se abater sobre os homens para punir e destruir estão vinculados à imagem da bomba. O indivíduo, porém, pode manipulá-la. Ela está em suas mãos. O detentor do poder pode hoje desencadear devastações que superam todos os flagelos divinos reunidos. O homem roubou seu próprio deus. Capturou-o e apropriou-se de todo o seu arsenal de medo e infortúnio.[22]

---

jan.-fev. 1981, p.3-17, depois em C. Ginzburg, *Miti emblemi spie. Morfologia e storia.* Torino, Einaudi, 1986, p.107-32. [Ed. brasileira: *Mito, emblemas, sinais. Morfologia e história.* Tradução de Frederico Carotti. São Paulo: Companhia das Letras, 1989].

22 E. Canetti, *Massa e potere.* Milano, Adelphi, 1980, p.569. [Ed. brasileira: Tradução de Sergio Tellaroli. São Paulo, Companhia das Letras, 1995, p.468-9.]

Se alguém me pedisse para definir brevemente o caráter do nosso tempo, o que poderia dizer senão que ele é marcado pelo equilíbrio do terror, por um equilíbrio que nenhum de nós sabe se e quanto durará? E quem pode negar que este terror seja filho também ele do "*sapere aude*"? E, portanto, paradoxalmente, do "não ter tido temor"? O que é a temeridade senão o desprezo pelo medo (o não ter medo de ter medo), levado a ponto de gerar um medo imprevisto maior do que o medo de que se julga estar liberado?

Os homens de cultura não devem ter a pretensão de concorrer com os homens políticos. As últimas perguntas que formulei são perguntas que só podem ter uma resposta política. O dever do homem de cultura que não queira ficar indiferente ao drama do seu tempo, é o de fazer explodir as contradições, desvelar os paradoxos que nos põem diante de problemas sem uma solução aparente, indicar as estradas sem saída.

O campo em que se exerce a ação política é a luta, em última instância sempre cruenta e violenta. O nosso método é o diálogo. O último número da revista *Comprendre* foi dedicado, após cuidadosa avaliação, ao tema "Violência e diálogo".[23] A antítese entre violência e diálogo corresponde ao contraste histórico entre duas vontades, a vontade de potência e a boa vontade. Se observarmos a história passada, não podemos duvidar que ela foi dominada pela vontade de potência. Mas devemos olhar com confiança a história futura, agora que temos a certeza, digo com força, a certeza, de que prosseguir pela estrada até aqui percorrida significa chegar à catástrofe universal.

---

23 A revista saiu com um "Avant-propos" meu, p.3-5, porta o número 47-48 e a data 1981-1983.

NEM COM ELES, NEM SEM ELES

Mesmo para alguém como eu, que, apesar de jamais ter sido comunista nem nunca ter tido a tentação de sê-lo e que dedicou a maior parte de seus textos de crítica política à discussão com os comunistas de temas fundamentais como a liberdade e a democracia, alguém que tampouco foi um anticomunista e que sempre considerou os comunistas, ou ao menos os comunistas italianos, não inimigos a serem combatidos, mas interlocutores de um diálogo sobre as razões da esquerda, a derrocada catastrófica do universo soviético não pode deixar de sugerir algumas reflexões.

Está se difundindo e se exacerbando a acusação indiscriminada contra os intelectuais que não compreenderam, ou pior, que traíram. Para retomar o título de um conhecido livro de Raymond Aron, se a religião é, segundo Marx, o ópio dos povos, o comunismo teria sido o ópio dos intelectuais. Também neste caso é evidente o uso genérico do termo "intelectuais", com uma não dissimulada nuança de menosprezo. Apesar disso, não se pode negar que numerosos homens de cultura e de ciência, notáveis em seus respectivos campos de estudo, abraçaram a causa do comunismo com profunda convicção e com absoluto desinteresse, acabando por defendê-la contra os ataques dos adversários com argumentos próprios não do homem de fé, mas do homem de razão. E por quê? Não deveria ter sido clara desde o início a perversão do comunismo, que, segundo os críticos de sempre e os críticos de última hora (cada vez mais numerosos), era inerente à própria doutrina da qual derivara o comunismo? Seria necessária uma demonstração histórica, como a que ocorreu depois de anos e anos de horrores materiais e morais? E o que dizer se, mesmo depois desta prova irrefutável, o ideal de uma sociedade comunista não tiver perdido totalmente sua força? Não deveriam fazer-se a mesma pergunta todos aqueles que, repito, apesar de jamais terem sido comunistas, não opuseram ao comunismo a mesma refutação radical oposta ao fascismo? Nesses últimos anos, diante da precipitação dos acontecimentos, não pude deixar de tentar responder a essa derradeira pergunta, com o propósito de esclarecer, antes de tudo para mim mesmo, as razões de um erro, se é que houve erro, de uma ilusão mental ou de uma condenável cegueira.

Quem participou da batalha antifascista e da guerra de Libertação teve a oportunidade de admirar a coragem, a dedicação incondicional à causa, o espírito de sacrifício dos combatentes comunistas, que entre outras coisas, para libertar a Itália dos nazistas e de seus aliados italianos, apressaram-se em ingressar nos grupos guerrilheiros [*partigiani*] em número bem maior do que o dos seguidores de outros partidos e movimentos, em particular dos católicos e dos democratas-cristãos. Durante o fascismo, a oposição clandestina, que levava inevitavelmente à detenção, à prisão ou ao desterro, havia sido conduzida, mais do que pelos seguidores do movimento Justiça e Liberdade, pelos comunistas, e com uma organização bem maior e bem mais eficaz. Foram poucos os socialistas. Pouquíssimos os católicos. É um dado historicamente irrefutável que os comunistas representaram a parte largamente preponderante do antifascismo. É no mínimo uma prova da mudança do clima político que a quase identificação do comunismo com o antifascismo possa ter sido considerada, há um tempo, um mérito dos comunistas e hoje seja, sempre mais, ao contrário, considerada um demérito do antifascismo.

Aqueles que militavam no Partido da Ação, apesar de não terem nenhuma dúvida sobre a distância que separava a revolução democrática por eles propugnada da revolução de classe que visava à instauração de um regime de democracia popular, como se dizia então, que nada mais era do que uma ditadura sob a égide do Partido Comunista, estavam convencidos de que no futuro arranjo institucional não seria possível desconsiderar a aliança com os comunistas, após a ignominiosa decomposição do nosso exército e da nossa velha classe dirigente. Imediatamente após a Libertação, saiu o livreto de Augusto Monti, *Realtà del Partito d'Azione* [*Realidade do Partido da Ação*], não por acaso dedicado ao comunista Giancarlo Pajetta, no qual o Partido da Ação era definido como um partido liberal que, como tal, deveria ser a voz da consciência do Partido Comunista. Relata Mila que diante das tentativas de Pajetta, seu colega de bancos escolares, de convertê-lo ao comunismo, o repelia perguntando-lhe: "E com a liberdade, o que faremos?". Muitos anos depois, apesar de ter esquecido completamente esses precedentes, em uma troca de ideias com o dirigente comunista Giorgio Amendola sobre o partido único da classe operária, lhe escrevi, suscitando sua reação, mais divertida que escandalizada, o seguinte: "Nós precisamos da força de vocês, mas vocês precisam dos nossos princípios".[1]

A ideia de que o comunismo exprimiria uma grande moral, que não deveria ser desperdiçada mas convertida, acabou por se demonstrar uma ilusão, ao menos no que diz respeito ao comunismo soviético. A inspiração vinha de longe, de Piero Gobetti, mas haviam mudado os tempos e as situações. O próprio Gobetti, de resto, que havia recebido com entusiasmo a Revolução de Outubro, após alguns anos mudara de opinião sobre a real possibilidade de uma aliança com os comunistas. Ilusão dura de morrer, mas que hoje, talvez muito tarde, está definitivamente morta. Não porque o Partido Comunista Italiano, com o qual havia sido apenas aberto o diálogo, não tenha feito a sua parte de partido democrático em nosso país, a começar da contribuição dada à elaboração da Constituição, mas porque o comunismo real, aquele do partido-guia, demonstrava-se sempre mais irredimível (e sempre mais impiedoso).

Para dizer a verdade, nunca chegamos a ter dúvidas sobre a "face demoníaca" do poder soviético. Em um artigo, "Noi e i comunisti" [Nós e os comunistas], publicado no jornal clandestino do Partido da Ação, *Italia libera*, Tristano Codignola dizia claramente, a propósito de uma possível frente única entre comunistas e "acionistas", que o problema da liberdade vinha antes da conquista do poder, não depois, sustentando

---

1 Refiro-me à carta por mim endereçada a Giorgio Amendola, importante dirigente histórico do Partido Comunista Italiano, e à resposta de Amendola, publicada com o título "Il socialismo in Occidente", em *Rinascità*, ano XXI, n. 44, 7.11.1964, p.3.

que era impossível alcançar a liberdade pela ditadura.[2] Acreditávamos, porém, na regeneração dos comunistas, que não poderiam governar sozinhos e acabariam por receber o impacto da dura experiência da luta pela libertação das ditaduras fascistas. Combater uma ditadura para instaurar outra? Mesmo no que diz respeito à "face demoníaca", não era infrequente a tentativa de buscar justificações, enfim, de encontrar atenuantes: a necessidade de minar um regime precedente infame, que não poderia ser abatido senão com a violência; depois, o cerco das nações capitalistas, depois o desafio do fascismo e do nazismo, que haviam obrigado um país ainda em grande parte camponês a uma industrialização forçada, a qual porém permitira a construção de um poderoso exército que daria uma decisiva contribuição para a vitória contra o nazismo; depois, ainda, a necessidade da reconstrução após as imensas destruições de uma guerra combatida em casa; e enfim a guerra fria, um outro e não menos grave desafio mortal para o sucesso da revolução comunista, partido da outra potência vencedora. No afã de encontrar justificações, aqueles que continuaram a crer na libertação da humanidade pelo comunismo terminaram por justificar tanto a tomada violenta do poder na Tcheco-Eslováquia como a brutal repressão da revolta húngara. Quando ficava evidente a maldade dos meios, recorria-se, para continuar a crer na bondade da causa e a ficar em paz com a própria consciência, à elevação do fim: a criação de uma sociedade nunca vista antes, na qual finalmente cessaria toda forma de exploração do homem sobre o homem. Se a máxima "o fim justifica os meios" foi formulada em todos os tempos tendo em vista a salvação da pátria (*salus rei publicae suprema lex*), o que dizer quando está em jogo a salvação da humanidade inteira? No final, esgotados todos os argumentos racionais fundados sobre o raciocínio "se, então", ou seja, quanto mais elevado o fim mais inevitável é o recurso aos meios mais condenáveis, entrou em cena a nua e crua vontade de acreditar, que é, como a esperança, a última a morrer.

Todo juízo sobre comunismo, filocomunismo, anticomunismo, não é possível, e também é eticamente incorreto, fora do contexto histórico no qual aquelas paixões surgiram, aquelas convicções se formaram,

---

2 T. Codignola, "Noi e i comunista", em *La Libertà*, órgão do Partido da Ação da região toscana, 5.12.1943; agora em T. Codignola, *Scritti politici (1943-1981)*, Firenze, La Nuova Italia, 1987, p.3-4.

OS INTELECTUAIS E O PODER

aqueles juízos e pré-juízos tiveram origem: um regime de terror, como o hitleriano, fundado na ideia de uma raça superior chamada a dominar o mundo por um destino inelutável; este regime desencadeia uma guerra total e absoluta; donde a necessidade de responder à violência com a violência, com a violência reparadora à violência opressora. Há quem teve desde o início uma dramática certeza sobre a justiça da causa da revolução comunista e da sua difusão no mundo, não se detendo diante da trágica evidência dos fatos, justificando-os ou afastando-os; há quem sempre teve desde o início a certeza contrária e agiu em consonância com ela, julgando que se deveria combater o comunismo com a mesma intransigência com que havia sido combatido o fascismo; há ainda quem, mediante profundas lacerações, passou de uma certeza dogmática para a certeza oposta, também dogmaticamente acolhida. Há enfim quem, apesar de não ter dúvidas sobre a inaceitabilidade do comunismo histórico, continuou a se interrogar sobre as razões do fracasso de uma revolução que havia acendido as esperanças e animado a ação de homens de alta consciência moral, consciência esta muitas vezes contrastada pela mediocridade intelectual e pela baixeza moral de parte do anticomunismo triunfante. E pergunta-se com um certo sentimento de angústia e sem poder dar uma resposta certa, para retomar o título de um recente livro de André Gorz: *Und jetzt wohin?* [*E agora, para onde?*]. A paixão e a ação dos comunistas foram inspiradas no ideal da emancipação humana contra a exploração e a alienação, um ideal universalista antitético ao do fascismo, que era nacionalista, e ao do nazismo, que era até mesmo racista. Como laico, não tenho qualquer dificuldade de considerá-lo um ideal religioso, e reconheço que um tal ideal é completamente estranho ao *ethos* democrático. Mas nesta ideia do resgate do homem da miséria e da infelicidade terrena, da escravidão econômica e da opressão política, reside o fascínio que o comunismo exerceu sobre os excluídos, sobre aqueles que, estando nos degraus mais baixos da escala social, somente poderiam ascender a um degrau mais alto por meio de um salto qualitativo, de um ato revolucionário, de uma transformação radical da sociedade. Com a Revolução Russa e a tomada do poder pelos bolcheviques, que tinham nas costas uma doutrina filosófica e econômica voltada para uma crítica radical da sociedade burguesa, existente nos países cultural e economicamente mais avançados, parecia ter-se iniciado um processo de transformação total sem precedentes na história, um processo que, interrompido na Europa, teve continuidade com uma série de vitórias fulgurantes durante a Segunda Guerra Mundial na China.

No ímpeto de esquecer ou de bater no peito pelos erros de avaliação e de previsão, não devemos perder de vista o que representou, para todos aqueles que tinham lutado pelo renascimento de uma vida civil após a derrota do fascismo, o aparecimento de um regime comunista em um país imenso como a China. Não era lícito perguntar-se se de agora em diante o advento do comunismo não estaria inscrito no porvir da história do mundo?

Faço hoje a mim mesmo esta pergunta porque só após o que ocorreu na praça Tien An Men, em Pequim, alguns meses antes da queda do Muro de Berlim, é que me convenci de ter ajustado definitivamente as contas com o comunismo histórico. Mas começa apenas agora a pesquisa a respeito das razões pelas quais a tentativa de realizar na história a utopia de uma sociedade livre da miséria e da opressão acabou por se resolver em seu contrário, em um sistema de poder despótico sempre mais assemelhado ao reino do Grande Irmão descrito por Orwell.

A resposta mais comum é que a utopia deve restar no céu das ideias, pois o homem está amaldiçoado *ab origine*, e não pode salvar-se por si só, e sendo a natureza humana aquilo que é, a ideia de um resgate total, do homem novo, é contrária à natureza. A história humana é uma série ininterrupta de provas e erros, de ascensões e quedas, de retomadas e retrocessos, sem uma meta final, e se esta redenção deve existir, não pertence a este mundo. Mas podemos agora nos enfurecer, com base naquela sabedoria fácil que vem das coisas já acontecidas, contra quem acreditou naquela redenção e, nas condições miseráveis em que o nascimento o havia condenado a viver, esperou por ela, e também contra quem, apesar de não ter qualquer certeza e de não se fazer muitas ilusões, diante dos sofrimentos que pareciam invencíveis, diante da morte por inanição que parecia inevitável, diante de uma história que parecia destinada a ser sempre dominada pela pura vontade de potência, optou por apostar, como o jogador de Pascal, mais no êxito da experiência, difícil e jamais tentada antes, do que no seu fracasso, e ainda contra quem, apesar de não confiar na sorte benévola, pois a aposta implica ato de confiança e esperança, embora incertíssima, não pôde deixar de se perguntar: "E se a experiência der certo?".

Mencionei intencionalmente a China, não só porque na China o comunismo, agrade ou não, pelo menos como sistema de poder e como doutrina, não obstante todas as revisões, ainda existe, mas também porque a China, ao menos para a minha geração, representou o país no

OS INTELECTUAIS E O PODER 181

qual, por um lado, a conquista do poder por Mao e pelo exército popular por ele dirigido foi o momento culminante da força expansiva, que parecia irresistível, do comunismo, e no qual, por outro, a matança dos estudantes na praça Tien An Men representou para muitos, e também para mim, como já disse, o sinal do fim. É precisamente para o destino do comunismo na China que me levam as reflexões a que fiz menção no início sobre a atitude não destituída de ambiguidade daqueles que, como eu, tinham feito seu o mote "nem com eles, nem sem eles".

Nunca estive, nem antes nem depois, na União Soviética e nunca tive o desejo de conhecê-la. Fiz parte, porém, da primeira delegação cultural italiana convidada pelo governo chinês para visitar o país (lá permaneci de 24 de setembro a 24 de outubro de 1955). A guerra civil havia terminado em 1949. Mao foi eleito presidente da República e Chu En Lai nomeado ministro das Relações Exteriores no mesmo ano. A Primeiro de março de 1953 foi promulgada a nova Constituição e teve início o primeiro plano quinquenal. A aliança com a União Soviética era estreitíssima, fundada sobre um tratado de amizade de fevereiro de 1950. O imenso país que éramos convidados a visitar estava se industrializando com a contribuição decisiva dos aliados soviéticos. Era a Nova China, já pacificada e começando a se transformar em república popular e socialista. A delegação era composta por comunistas, companheiros de estrada, não comunistas e mesmo um ou outro anticomunista. Era presidida por Pietro Calamandrei, que após ter sido membro da Constituinte como representante do Partido da Ação, fizera parte de pequenos grupos socialistas independentes e da Unidade Popular durante as eleições de 1953. Entre as pessoas mais conhecidas do grupo, estavam os escritores Cassola, Bernari, Fortini, Antonicelli, Trombadori e o pintor Treccani. Passamos a maior parte dos nossos dias em Pequim, mas viajamos para o norte até a Manchúria e percorremos todo o sul do país até Cantão. Tínhamos chegado pela Sibéria e pela Mongólia externa, e saímos por Hong Kong. Visitamos o visitável: fábricas e museus, casas de cultura e escolas, comunidades agrícolas e casas populares, casas de reeducação de prostitutas e palácios imperiais. Assistimos a espetáculos teatrais antigos e modernos. Escalamos a Grande Muralha. Da escadaria da praça Tien An Men, onde estavam acomodadas as delegações estrangeiras chegadas de todas as partes do mundo, assistimos ao grande desfile da Festa Nacional em primeiro de outubro. Desafiando a acusação de ser considerado um "idiota útil", estou disposto a repetir ainda hoje que fui então espectador do mais extraordinário espetáculo da minha vida. Parada militar brevíssima, diferentemente do que ocorria na Praça Vermelha de Moscou em circunstâncias análogas, à qual se seguiu "um espetáculo de alegria, de leveza, de festa, de espontaneidade", do qual saímos todos entusiasmados e nos perguntando: "Veremos de novo algo semelhante?".[3]

Não éramos desprevenidos e menos ainda fanáticos. Exercemos em todas as ocasiões o nosso espírito crítico. Resignávamo-nos todo dia a dois ou três discursinhos oficiais, rituais, sempre iguais, que precediam as visitas, nos quais o funcionário de plantão repetia a lição decorada, como a guia de um museu ao ilustrar a milenar história da China com um "antes de Mao" e um "depois de Mao", em que o "antes" abraçava muitos séculos e o "depois" os poucos anos posteriores à Longa Marcha. Mas era verdade que não existiam mais do que algumas poucas velhinhas com os pés deformados. Era verdade que todos estavam vestidos com igualdade e de modo apropriado, jaquetas e calças azuis, mulheres e homens. Era verdade que as prostitutas haviam sido recolhidas em uma casa e afastadas das ruas. Era verdade que haviam sido construídas em poucos anos casas operárias (não belas, para ser sincero). Seria por acaso apenas uma ilusão que a multidão que enchia os jardins e visitava os palácios imperiais parecia serena, era educadíssima no comportamento, tranquila e sorridente? Não obstante a desconfiança com que alguns de nós haviam enfrentado a viagem, com o secreto pensamento "a mim não me pegam", precavidos por tudo aquilo que se conhecia de viagens análogas à União Soviética, bem preparados para resistir aos afagos da propaganda, não posso negar, mesmo tendo-se passado tanto tempo, que foi enorme a atração exercida sobre nós, comunistas e não comunistas, por aquela sociedade em profunda transformação que procurava sepultar não a grande tradição cultural, que aliás era continuamente evocada e exaltada, mas o passado recente de miséria e de corrupção da velha China. A quem tinha dúvidas, a viagem não forneceu certezas absolutas. Mas era evidente a grandiosidade da tarefa que o Partido, o Novo Príncipe (e ao partido de Mao parecia não caber nome mais adequado), havia

---

3 F. Antonicelli, *Immagini del nuovo anno.* Taccuino cinese. Milano, Parenti, 1958, p.68.

OS INTELECTUAIS E O PODER

assumido. Nenhum de nós pensou então que ele estivesse destinado a fracassar. Nem, creio, desejou isso.

Existiram momentos difíceis, reconheço, nos quais nos encontramos diante de reticências mal-disfarçadas, de respostas preconcebidas sem qualquer perspicácia, de noções mal-assimiladas em escolas de partido, do típico recurso do argumento de autoridade. Era evidente que os métodos do comunismo soviético haviam feito escola. Muitos delegados escreveram livros sobre a viagem: Cassola, Bernari, Antonicelli, Fortini. Até onde posso recordar, o mais rico em reflexões para o leitor de hoje é o de Fortini, *Asia maggiore*. Nele, os momentos difíceis são descritos sem suavizações ou justificações piedosas, sem silêncios corteses ou hipócritas adulações. Recordo o parágrafo em que é reproduzido "um diálogo entre professores de filosofia" (o título é irônico), no qual me coubera a parte do interrogante sobre o estado da filosofia na China. Comentário: "As respostas saem assim, formuladas em poucas palavras, sem sombra de cordialidade, sem pretextos. Não se sabe como concluir o colóquio". Quando perguntamos o número de estudantes de filosofia em Pequim ou quisemos saber sobre o maior filósofo chinês, Fung Yu-lan, pudemos divisar "os furtivos sorrisos de entendimento que de quando em quando correm sobre os lábios dos dois". Conclusão: "Sensação desagradável".[4] Outro episódio: na partida de Pequim para a Itália, fui abordado por dois intérpretes a quem havia confiado a expedição de livros. Dizem-me que não poderão expedir um deles, porque o autor é um traidor. Tratava-se de um livro, comprado por mim na Itália, de um autor chinês, membro do Comitê Central do Partido, Kao Kang, publicado em inglês pela editora do Estado chinês. Menciono que o livro havia sido impresso por eles. Permanecem inamovíveis, e o livro me é sequestrado. Quando falo disso com Fortini, ele chama minha atenção por não ter insistido e acrescenta: "Não há nenhum motivo para que se deva ceder tão facilmente e perder uma ótima ocasião para fazer que eles entendam como pensamos a respeito de certos assuntos".[5] Não sei bem o que poderia ter feito então: talvez arrancar-lhes o volume das mãos. Mas o desapontamento de Fortini era mais do que justificado.

---

4 F. Fortini, *Asia maggiore*. Viaggio nella Cina. Torino, Einaudi, 1956, p.172ss. O parágrafo é intitulado ironicamente: "Diálogo com os professores de marxismo".
5 Ibidem, p.244.

Creio que a interpretação mais exata do nosso estado de ânimo, entre admiração e desconfiança, e ao mesmo tempo a solução mais justa para as dúvidas que nos colocávamos e ainda hoje me coloco, é uma brevíssima resposta dada por Fortini a uma pergunta feita sobre o que tínhamos ido buscar na China: "uma novidade em termos de relações entre os homens".[6] Por parte de pessoas – ainda Fortini – acostumadas a viver em uma sociedade que "nos adestrou perfeitamente para ignorar a humanidade do vizinho de ônibus, do camponês que está às portas da cidade, do operário".[7] Estávamos todos mais ou menos desiludidos com uma transformação da sociedade italiana que havia sido ardentemente desejada mas que não ocorria. Concluía: "A revolução italiana tem a aprender com a revolução chinesa não tanto a flexibilidade, que entre nós corre o risco de se traduzir como ecletismo e oportunismo, mas a confiança na possibilidade de modificar realmente as relações entre os homens e de pôr fim aos espectros das desilusões, dos compromissos, ao círculo do 'sempre igual' que já aprisionou três gerações". (Quem dera fossem apenas três!).

Exatamente nos dias em que a nossa delegação partia para Pequim, estourou o caso Hu Feng, um escritor conhecido no Ocidente que, proibida a circulação de seus textos, havia sido detido por conspiração política. O caso fora clamorosamente denunciado no Congresso pela Liberdade da Cultura. Partimos com o propósito de discutir o assunto com os nossos anfitriões. Formulamos uma série de perguntas sobre o modo como o governo chinês pensava as relações entre política e cultura, e sobre a liberdade de imprensa no novo regime. As amplas e circunstanciadas respostas que nos foram dadas não conseguiram eliminar as nossas dúvidas: naturalmente, a perseguição devia-se ao fato de que o escritor incriminado participara de um complô político, não aos seus textos. Ao jovem intérprete que defendia a tese oficial sustentando que Hu Feng devia ser condenado porque pregava que os poetas não precisam se interessar necessariamente pelas lutas políticas e que também se podia fazer uma ótima poesia com os olhos voltados para a lua, Calamandrei explicou pacientemente, sem no entanto convencê-lo, que um grande poeta italiano havia escrito uma poesia para a lua e que existem problemas

---

6 Ibidem, p.18.
7 Ibidem, p.23.

OS INTELECTUAIS E O PODER

no mundo que dizem respeito não só à relação entre oprimidos e opressores, mas a todos os homens, ao mistério da vida, às razões da dor, ao amor, à morte.

Por iniciativa do mesmo Calamandrei, *Il Ponte*, a revista por ele fundada e dirigida, publicou poucos meses depois da viagem um volume de mais de 700 páginas, *La Cina d'oggi*, como número extraordinário do mês de abril. Nele colaboraram quase todos os membros da delegação, mas o maior número de páginas foi escrito pelo próprio Calamandrei, relatando as coisas vistas. Foram convidados a colaborar escritores chineses, italianos e estrangeiros. O volume era ilustrado com muitas fotografias. Uma delas retratava Calamandrei de costas, escrevendo no quadro-negro de uma fábrica de aço em Cheng Yang uma mensagem de saudações dos operários italianos aos trabalhadores chineses. O volume foi imediatamente recebido com uma resenha acre e malévola, em que se alternavam sarcasmos e insultos, de Nicola Chiaromonte, na revista *Tempo Presente*, dirigida pelo próprio Chiaromonte e por Silone. Nela, podia-se ler que há mais de 40 anos o engenho de miríades de intelectuais havia se consumido em justificar e exaltar todas as tiranias modernas, considerando que o número especial de *Il Ponte* sobre a China era um exemplo típico deste antigo vício. Os dardos voltavam-se particularmente contra Calamandrei, tratado como réu por ter desejado celebrar o regime de Mao depois de ter se hospedado naquele imenso país alguns poucos dias, e de ter visto apenas aquilo que os anfitriões lhe permitiram ver. De resto, bastava observar a fotografia do professor que escreve uma mensagem no quadro-negro para concluir: "Falso o gesto, falsa a frase, falsa a situação, falso o homem naquela situação. São coisas que fazemos constrangidos e por artifício: não no 'leve ar da liberdade'". ("Leve ar da liberdade" era uma expressão usada por Robert Guillain para descrever a sensação experimentada ao deixar a China, onde a ausência de liberdade lhe teria provocado quase um mal-estar físico.) Calamandrei respondeu com um artigo, "Il 'tempo della malafede'" (no qual tomava de empréstimo um título do próprio Chiaromonte), publicado pouco antes da sua morte, ocorrida em setembro do mesmo ano. Magoado com os insultos, observou que a delegação não tinha ido à China com os olhos vendados, como se podia perceber em alguns artigos do volume por ele mesmo organizado, e defendeu a atitude dos que, querendo contribuir para a evolução do comunismo rumo à liberdade, consideravam que o melhor caminho seria o de manter aberto o diálogo com os chineses, ao invés de considerá-los párias intocáveis a serem banidos da humanidade. Não se tratava de estabelecer, em abstrato, se seria melhor o regime popular chinês ou o regime de democracia ocidental, mas de procurar compreender "se o regime chinês representaria para aquele povo um real progresso em direção à justiça e mesmo à liberdade, em comparação com os governos anteriormente existentes".[8]

Identifiquei-me completamente, na ocasião, com essas observações de Calamandrei. Poucos dias antes da nossa partida, havia saído pela Einaudi meu livro *Politica e cultura*, que reunia vários de meus textos dedicados a mostrar com profunda convicção a confiança no caminho do diálogo com alguns importantes comunistas italianos, mantendo firme o princípio da liberdade tão acalentado por Nicola Chiaromonte, um princípio que não tínhamos largado pela estrada ao irmos visitar um Estado comunista. Minha contribuição ao volume consistiu em um artigo sobre as "Linee fondamentali della costituzione cinese".[9] Eu o concluía pondo em destaque a diferença, que estivera na base da minha discussão com os comunistas italianos, entre a mentalidade liberal que, tendo uma concepção relativista da verdade, considera que os contrastes de opinião não podem ser resolvidos senão pela compreensão e tolerância recíprocas, e a mentalidade do marxista, que, admitindo a existência de leis históricas universais, das quais ele é o único intérprete, considera sua própria verdade como absoluta e age em consonância com isso. Deixava em aberto a questão de saber quem teria razão, ainda que eu sempre tivesse me alinhado do outro lado. Mas o dilema era claro. Eu estava convencido de que em uma sociedade "saturada de poderosos encargos valorativos", como dizia então, a escolha entre os dois lados do dilema não seria tão simples, como pareciam acreditar tanto os fanáticos como as almas simples, de uma parte e de outra.

Agora a escolha parece mais fácil. E não há mais nenhum motivo para nos pormos, com temor ou com esperança conforme os casos, a pergunta: "E se a experiência der certo?". A experiência não deu certo. A diferença está no sentido que se deseja dar a esta conclusão catastrófica: ou o inevitável êxito do projeto perverso de exterminar uma classe, a

---

8 Cf. *Il Ponte*, ano XII, n.8-9, 1956, p.1.529-36.

9 In *La Cina d'oggi*, número extraordinário da revista *Il Ponte*, ano XII, suplemento do número de abril de 1956, p.220-30.

OS INTELECTUAIS E O PODER

burguesia, como afirmou recentemente Ernst Nolte, ou o fracasso igualmente inevitável de um grandioso desenho para transformar o curso da história, no qual acreditaram ou esperaram milhões de homens. A justa derrota de um crime pavoroso ou a utopia invertida.[10] Das duas possíveis conclusões, a mais trágica é, sem sombra de dúvida, a segunda.

---

10 "L'utopia capovolta" é o título que dei ao artigo comentando a matança da praça Tien An Men, publicado no jornal *La Stampa* no dia 9 de junho de 1989. O mesmo título dá nome à coletânea de meus artigos publicados na coleção *Terza pagina*, Torino, La Stampa, 1990.

SOBRE O LIVRO

Coleção: Biblioteca Básica
Formato: 14 x 21 cm
Mancha: 25 x 44 paicas
Tipologia: Goudy Old Style 11/13
Papel: Pólen 80 g/m² (miolo)
Cartão Supremo 250 g/m² (capa)
Matriz: Laserfilm
1ª edição: 1997

EQUIPE DE REALIZAÇÃO

Produção Gráfica
Edson Francisco dos Santos (Assistente)

Edição de Texto
Fábio Gonçalves (Assistente Editorial)
Fernanda Spinelli Rossi (Preparação de Original)
Dainis Karepovs e
Armando Olivetti Ferreira (Revisão)
Leoberto Balbino Fonseca Silva (Atualização Ortográfica)

Editoração Eletrônica
Lourdes Guacira da Silva Simonelli (Supervisão)
Duclera G. Pires de Almeida e D'Livros/R2 (Diagramação)

Projeto Visual
Lourdes Guacira da Silva Simonelli

Impressão e acabamento